高校图书馆
从传统走向大数据

张敷欣 张典焕 张敷慈 编著

江苏大学出版社
JIANGSU UNIVERSITY PRESS

镇 江

图书在版编目(CIP)数据

高校图书馆从传统走向大数据 / 张敷欣,张典焕,
张敷慈编著. —镇江:江苏大学出版社,2020.9(2024.4 重印)
ISBN 978-7-5684-1400-5

Ⅰ.①高… Ⅱ.①张… ②张… ③张… Ⅲ.①院校图
书馆—信息化建设—研究 Ⅳ.①G258.6

中国版本图书馆 CIP 数据核字(2020)第 151880 号

高校图书馆从传统走向大数据
Gaoxiao Tushuguan cong Chuantong Zouxiang Dashuju

编　　著/张敷欣　张典焕　张敷慈
责任编辑/张小琴
出版发行/江苏大学出版社
地　　址/江苏省镇江市京口区学府路 301 号(邮编:212013)
电　　话/0511-84446464(传真)
网　　址/http://press.ujs.edu.cn
排　　版/镇江文苑制版印刷有限责任公司
印　　刷/北京一鑫印务有限责任公司
开　　本/710 mm×1 000 mm　1/16
印　　张/11.5
字　　数/209 千字
版　　次/2020 年 9 月第 1 版
印　　次/2024 年 4 月第 2 次印刷
书　　号/ISBN 978-7-5684-1400-5
定　　价/48.00 元

如有印装质量问题请与本社营销部联系(电话:0511-84440882)

序

第一次工业革命中，蒸汽机的发明将人们从手工操作中解放出来，工业生产开始机械化、规模化，工业产品大大增加。如果把社会比喻为人，那么人们便开始了运用四肢进行体力劳动的革命，变得壮实强大了。随着从体力变成机械力，用煤炭作为机械的能源代替了人的食物能源，从而进行了动力革命，社会也从封建主义变成资本主义。第二次工业革命中，电的发明使机械化变成电气化，解决了远距离的能源运输。就像人练就了气功与武功，进一步成长与壮大，并有了质的变化，机体有了坚强的后盾。第三次工业革命中，信息化的发明使得无纸化的时代悄悄来临。正如人的大脑与整体神经控制系统进行了革命，变得更加聪明与智慧了。

在信息化的发展过程中，计算机的发明标志着第一代的信息化的出现。在军事上，战争也从以冷兵器为主，过渡到以热兵器为主，之后再过渡到以信息化指导为主。互联网的发明标志着第二代的信息化的出现，同时出现信息爆炸，仿佛是一日不见信息，如隔三秋之长。大数据、云计算与区块链的发明标志着第三代信息化的出现。信息在进一步爆炸，而且信息共享也更为迅速与成熟。

在科学技术日新月异的时代，图书馆走向何方？曾经出现了不同的声音。有悲观论者认为，图书馆只是储存纸质文件资料的地方，一些高级图书馆存有甲骨文、钟鼎文、羊皮文等。到了以互联网、计算机与大数据时代，图书馆就没有什么大的作用了。

还有人认为，在高校，校长以下，教务长、图书馆长与总务长曾经是三个重要人物，如今图书馆长这个职务也不一定需要了。

客观事物的发展不以人们的主观意志为转移，图书馆的馆长、馆员们，绝不甘心退出历史舞台，而是快速适应新时代，与时俱进。事实上，图书馆跟上了时代的发展，从以纸质图书阅读为主，向以电子阅读为主、电子、纸质并重转变，采用了大量的计算机、互联网、人工智能设备，以及大数据与云计算。

在这种转变与深化的过程中，图书馆的资金分配、图书馆的人力资源、网

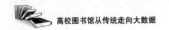

络售书物流的方法、书刊编辑人员素质的提高、图书馆的竞争情报工作、图书馆的读者服务及学科服务方式都在不断变化,信息、移动网络、网络载体、数据仓库、大数据与云计算的出现,都与图书馆的现代化结下了不解之缘。

近代智库的发展,影响了各个国家的重大战略方针,智库的研究与智库论文波浪式地增加,政府越来越需要智库的支持,智库的研究也属于图书情报的一个重要领域。

图书馆的馆员如何在这个转变过程中抓住机遇、跟上形势?本书做了一些努力,希望为他们提供一定的参考。

张典焕于江苏大学

2020 年 5 月 2 日

前　言

知识可以分为两种：一种为客观知识，另一种为主观知识。古今中外概莫能外。

客观知识，即大自然的知识，既宽且广，而且是变化无穷的。人们永远不可能完全了解大自然，因为人们的认识能力是有限的，以有限对无限，当然不可能完全掌握。但也不能认为人们永远掌握不了大自然，如果这样也就陷入了"不可知论"。事实上，随着时代的发展和科学技术的进步，人们可以越来越多地认识大自然，越来越逼近大自然的本来面目。

人们的不同基础、不同感受、不同观点与不同的表现手法，构成主观知识。比如同样一处风景，一百个国画师可以画出一百种不同的山水画来。

当然，这里说的主观与客观是相对的，是辩证的关系，你的主观，就是我的客观，反之亦然。

图书馆需要不断的建设，无论是国家、省、市、县，甚至乡镇，或者大、中、小学校，应一律把图书馆的建设看成一件重要的事。

图书馆的建设分为硬件建设与软件建设两种。硬件建设指明确的物质，如房屋、设备、资料、人员、家具等。软件建设包括人、财、物、产的管理与配套的信息装备，同时也包括深度与广度。

图书馆的管理需要不断地创新。人类社会是在不断地发展与进步的，而进步靠的就是不断创新。恩格斯说："劳动创造了人。"关键词是"创造"。只有创造或创新，社会才能向前发展。所以，随着国家的发展，创新国家、创新社会、创新城市、创新学校、创新图书馆，都被提上了日程。

图书馆的创新，内容是十分广泛的，包括创新体制、创新管理机制、创新工作模式、创新服务效率、创新敬业精神等。

在创新工作模式中，引入智慧图书馆与图书馆大脑的概念。自计算机与互联网发明以来，逐步深入图书馆工作的方方面面。从数字图书馆到数据库，电子图书作为独特的一种图书形式，越来越具有生命力。信息不断地发展与延伸，最终达到信息大爆炸，于是，大数据与云计算时代势不可挡地到来，阅读

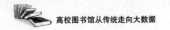

推广成为新时代的必需,越来越受到重视。

　　本书由张敷欣、张典焕和张敷慈共同编写。其中,张典焕负责写序、创新部分与高等数学部分,具体是第一、二、四章的部分内容;张敷慈负责人力资源管理与互联网的部分,具体是第二章的剩余部分与第九章;张敷欣负责其余章节的编写与统稿工作。

　　　　　　　　　　　　　　　　　张敷欣于镇江高等专科学校
　　　　　　　　　　　　　　　　　2020 年 5 月 5 日

目　　录

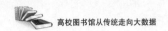

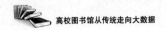

第一章
图书馆的布局与资金分配

第一节 图书馆布局及图书资金按系部的初分配

图书馆的资金分配与图书馆的布局有关。随着国家的发展,现代工业、现代农业、现代科学技术与现代国防急需大量人才,而人才的基础在于教育。

不少大学由过去的大学或大专、中专合并而成。因此,它们并不总在一个地方,往往跨地区、跨城市,分在好几处。为此,需要考虑地区布局,或分校布局。

在每一个大学内部,又有不同的系部,每个系部对图书资料有不同的要求。

表 1-1 中统计了镇江高等专科学校系部、专业数、教师数、学生数,以及学校资金的大体分配情况。

表 1-1 镇江高等专科学校系部、专业数、教师数、学生数及资金大体分配

系部名	专业数	教师人数	学生人数	资金分配/%
中文系	10	74	1 790	12.8+0.4=13.2
外语系	5	45	1 322	9.5-0.1=9.4
机械工程系	8	57	1 882	13.5-0.1=13.4
电子信息系	7	42	1 831	13.1+0.4=13.5
数理化工系	5	44	1 239	8.9-0.1=8.8
工商管理系	11	67	1 802	6.4-0.1=6.3
劳动和社会保障系	4	59	1 154	8.3-0.1=8.2
安全技术管理系	5	45	1 290	9.3-0.1=9.2
旅游系	4	34	1 086	7.8-0.1=7.7

续表

系部名	专业数	教师人数	学生人数	资金分配/%
政法系	4	34	543	3.9-0.1=3.8
社科部	不另算	33	不另算	2.1
体育部	不另算	29	不另算	2.2
基础部	不另算	35	不另算	2.2
总计	63	598	13 939	100.0

图1-1 镇江高等专科学校图书馆

由表1-1可见,学校有13个系部,63个专业。在这63个专业中,有598位教师,他们需要阅读各类不同的图书,有的是研究需要、教学需要、业务需要,有的是扩展知识面需要。学生人数目前统计的已经有13 939人,他们的阅读方向同样有多种需要。即使在图书馆(见图1-1)内部,也分不同的业务部门,图书采购是图书馆五大重要业务部门(流通、采购、阅览、编目、典藏)内容之一。这五大业务部门之间也有资金按结构的分配问题。

图1-2是图书编目室的图书放置;图1-3为报纸装订室;图1-4为期刊装订室。

图1-2 图书编目室的图书放置

图 1-3 报纸装订室

图 1-4 期刊装订室

先考虑图书资金按系部的分配。粗略地说,学生人数占多数,先行按学生比例进行分配要求,是资金的大体分配要求。然后,考虑到各系部情况不同,比如中文系学生需买古籍,而古籍的价格较高;电子信息系的学生阅读所需的计算机类图书更新换代较快。因此,购买图书资金要向中文系与电子信息系倾斜。倾斜的方法是,将这两个系的百分比各增加 0.4,相应地,其他系的百分

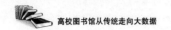

比各下降 0.1,但是不另外计算人数的系部(如社科部、体育部、基础部)维持不动,结果列在表 1-1 中的等式后面。

第二节　问题的细化与矩阵模型

由于 13 个系部及各系部的需要不同,过去的一般方法行不通了,所以必须进一步细化问题。以往图书采购,一般依据部分教师所需的不完全统计及学校不定数的下拨资金进行。

由于种种原因,只有部分教师参加采购,因而带有一定的随机性与盲目性。在采购数量和品种上,既容易造成不敷教学需要,又容易造成一部分书刊的积压,从而造成本来就有限的资金的浪费。于是,如何在采购资金方面进行科学化、标准化、定量化管理,将在这里进行探索。

根据学校图书的总需求和人均年图书的消费资金,确定教学任务变动与图书需要量变动之间的数量关系,从而计算出学校全年及各系部对新增图书资金的需要量。

先计算各系部的图书资金系数,即各系部总图书所需资金元年数:

$$T_i = M_i / X_i$$

式中:M_i 为 i 系部消耗资金,元/年;X_i 为 i 系部的总图书数量,册;T_i 为 i 系部的资金系数,元/(年·册)。

表示 i 系部需要一定数量的图书而对应需要的资金元年数,公式为

$$M_i = T_i X_i$$

如果 i 系部教学任务变化,总图书的增加量为 ΔX_i,则相应地 i 系部资金增加量 ΔM_i 为

$$\Delta M_i = T_i \Delta X_i$$

在全校,i 系部的总资金数量的变化又要受其他系部最终资金变化的影响。这里有两个原因,其一是由于其他系部需要某种图书时,恰好本系部也需要该种图书,采购时只需要按一定系数购买,而不是机械地重复;其二是由于其他系部所占资金增加,本系部必然受它的连带而发生变化。因此,i 系部的总图书又可表示为

$$X_i = \sum_{j=1}^{n} R_{ij} Y_j$$

式中:Y_j 为 j 系部的最终图书数;R_{ij} 为完全需要系数,即 j 系部的最终图书对应 i 系部完全需要数,这一点将在后面由对应的例子来解释。

若 j 系部的最终图书数量增加,其增加量为 ΔY_j,则相应地系部总图书的增加量为

$$\Delta X_i = \sum_{j=1}^{n} R_{ij} \Delta Y_j$$

将上式代入前述有关公式中,即得 i 系部由于最终图书数量增长而引起的资金增加量:

$$\Delta M_i = \sum_{j=1}^{n} T_i R_{ij} \Delta Y_j$$

整个学校由于最终图书数量增长而引起的资金增长量可用矩阵表示为

$$\begin{bmatrix} \Delta M_1 \\ \Delta M_2 \\ \vdots \\ \Delta M_n \end{bmatrix} = \begin{bmatrix} T_1 & 0 & \cdots & 0 \\ 0 & T_2 & \cdots & 0 \\ \vdots & \vdots & & \vdots \\ 0 & 0 & \cdots & T_n \end{bmatrix} \begin{bmatrix} R_{11} & R_{12} & \cdots & R_{1n} \\ R_{21} & R_{22} & \cdots & R_{2n} \\ \vdots & \vdots & & \vdots \\ R_{n1} & R_{n2} & \cdots & R_{nn} \end{bmatrix} \begin{bmatrix} \Delta Y_1 \\ \Delta Y_2 \\ \vdots \\ \Delta Y_n \end{bmatrix}$$

从而

$$\sum_{i=1}^{n} \Delta M_i = \sum_{i=1}^{n} \sum_{j=1}^{n} T_i R_{ij} \Delta Y_j$$

第三节　有关三个系部的实例计算

为使问题简化,以镇江高等专科学校学生人数最多的三个系,即电子信息系(1 831 人)、工商管理系(1 802 人)与机械工程系(1 882 人)为例,编制年图书采购计划。先计算图书资金系数。电子信息系为 50 元/(年·册),工商管理系为 30 元/(年·册),机械工程系为 40 元/(年·册)。随市场价格的增加,计算方法不失普遍性。

在表 1-2 中,先假设一个绝对化的情形。即本系的人全都看本系的书,而其他系的书一本不看,这时完全需要系数 $R_{ij}=1$,即主对角线的系数都是 1,而其余系数皆为 0。这样 R_{ij} 的数值范围在 0~2 之间。假设电子信息系、工商管理系、机械工程系年增加的图书量分别是 350 册、450 册与 800 册。同时转化成实际图书价格时,主对角线就是 50 元/(年·册)、30 元/(年·册)与 40 元/(年·册)。

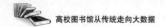

表 1-2　各系完全需要系数 R_{ij} 结果表

	电子信息系（书别）	工商管理系（书别）	机械工程系（书别）
电子信息系/人	1.884 1	0.075 3	1.323 0
工商管理系/人	0.923 1	1.522 0	0.323 3
机械工程系/人	1.535 2	0.057 1	1.437 2

$$\begin{bmatrix} \Delta M_1 \\ \Delta M_2 \\ \Delta M_3 \end{bmatrix} = \begin{bmatrix} 50 & 0 & 0 \\ 0 & 30 & 0 \\ 0 & 0 & 40 \end{bmatrix} \begin{bmatrix} 1.884\,1 & 0.075\,3 & 1.323\,0 \\ 0.923\,1 & 1.522\,0 & 0.323\,3 \\ 1.535\,2 & 0.057\,1 & 1.437\,2 \end{bmatrix} \begin{bmatrix} 350 \\ 450 \\ 800 \end{bmatrix}$$

$$= \begin{bmatrix} 56.523 & 2.259 & 39.690 \\ 46.155 & 76.100 & 16.165 \\ 61.408 & 2.284 & 57.488 \end{bmatrix} \begin{bmatrix} 350 \\ 450 \\ 800 \end{bmatrix}$$

$$= \begin{bmatrix} 52\,551.6 \\ 63\,331.3 \\ 68\,511.0 \end{bmatrix}$$

$$M = \sum_{i=1}^{3} \Delta M_i = 184\,393.9$$

即此次图书资金总预算为 184 393.9 元。

考虑实际情况，机械工程系的人看电子信息系的书、其他系的人也看电子信息系的书，当然电子信息系这一列的系数（1.884 1，0.923 1，1.535 2）比较大。

同理，主对角线的系数都比较大。工商管理系的人也爱看电子信息系的书，因而对应系数为 0.923 1；电子信息系的人很少看工商管理系的书，因而对应系数为 0.075 3。其他系数道理相同，不再赘述。

第四节　图书馆地区布局资金分配中的决策树法

学生坐汽车去借书，一般是不太愿意的，特别是坐长途汽车借书更不愿意，因为费时、费钱、费力。设坐车往返时间为两小时，借书人数为零，则学生年均借书量 M 随乘车时间 T 呈指数下降式变化，如图 1-5 所示。

在 $T=0$ 处，学生年均借书量 M 为最大值，此时不妨取 $M=M_0=10$；当 $T=2$ 时，学生年均借书量迅速减少到 $M=0$。

学生人数是动态的，但每学期相对固定（目前是 13 939 人），图书总量 S

增加到一定程度时,学生年均借书量 M 会达到饱和,如图 1-6 所示。这个数值由各个图书馆根据学生数与藏书数综合决定。饱和值可设 $M = M_0 = 10$。

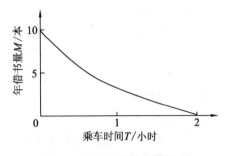

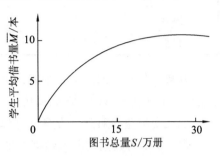

图 1-5　学生年均借书量 M 随乘车时间 T 的变化趋势　　**图 1-6　学生年均借书量 M 随图书总量 S 的变化**

为解决 A、B、C 分校中图书馆的藏书资金分配,用决策树法进行探索比较。拟定 3 个方案:

方案 1 称为"集中式方案",100% 的图书集中在 A 分校,B 分校与 C 分校不设图书馆。

方案 2 称为"分散式方案",图书按人均分配,即 50% 的图书在 A 分校,B 分校与 C 分校图书各占 25%。

方案 3 称为"相对集中式方案",约 70% 的图书在 A 分校,通常 A 分校即校本部。远程分校 C 占有图书 20%,近距离分校 B 占有图书 10%。

对于方案 1,由于集中建大图书馆,需要较多的基建费用,设为 300 万元。考虑总费用的情况下,原有的图书合在一起,还要增加 10 万册,每本书平均 20 元,合计总费用为 20×10 万元+300 万元 = 500 万元。其余方案的情况仿此计算。

方案 2 的完全平均法也有缺点,资金分散,三处用钱,三处皆财力有限。对于线装古书、高价工具书、稀缺书,也就不能集中财力去购买了。

如此,方案 1 为建成一个大型图书馆,总投资额为 500 万元;方案 2 为建三个小型图书馆,基建费用较低,可以基本上利用原来的图书馆,设总投资额为 300 万元;方案 3 为建一个中型图书馆和两个小型图书馆,设总投资额为 350 万元。有的图书更新很快,有的则更新较慢,假定图书平均有效使用期都是 10 年。由借书预测,前四年借阅频繁的概率为 0.8,而如果前四年借阅频繁的书,后六年又借阅频繁的概率为 0.7;如果前四年借阅稀少,后 6 年借阅稀少的概率为 0.9。

三个方案的损益表如表 1-3 所示。

表 1-3　三个方案的损益表　　　　　　　　　　　万元

借书状况	概率	方案 1	方案 2	方案 3
频繁	0.8	100	100	100
稀少	0.2	50	70	90

方案 3 其实是前两个方案的折中方案,既有集中又有分散:对于专业用书分散;对于共性书、线装古书、高价工具书、稀缺书相对集中。

现在用损益表对三个方案进行分析。

表 1-3 中的数据是考虑到借书情况设定的。图书经济效益能达到 100 万元就算不错了,因此表中第二行数据都采用 100 万元。

方案 1 中借书稀少(50 万元),是因为一般情况下,学生不太愿意往返坐 2 小时长途汽车来借书,此时效益最多只有总效益的一半。

方案 1 的不合理性是明显的。因此,计算时只要将方案 2 与方案 3 进行比较。方案 2 中的 70 万元,对应于四种书(共性书、线装古书、高价工具书、稀缺书)难以借到的情况。如果方案 3 的投资小于、等于,或甚至略高于方案 2,则由于其兼顾性,方案 3 就是可取的了。

图 1-7 是基于对方案 2 与方案 3 进行比较的决策树图。决策树法是生产管理中的常用方法。图中树根总概率为 1,写在左方第一矩形框内。分两个主干,上主干为方案 2,标在节点 2 的圆框内。下主干为方案 3,标在节点 3 的圆框内。

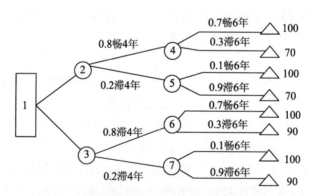

图 1-7　适用于方案 2 与方案 3 比较的决策树法

这 4 年畅销或滞销,它们的概率已经标注在表 1-3 之中。在上主干 2 中,又有两个支干,标在上分支圆框 4 与下分支圆框 5 两个圆框内。4 代表前 4 年畅销,5 代表前 4 年滞销。4 又出现两个细分支,上分支为前 4 年畅销后 6 年也畅销的情况,下分支为前 4 年畅销后 6 年滞销的情况。其他的分支可仿此分析。

计算情况如下。

方案 2:

$$100×0.7×6+70×0.3×6=420+126=546,$$

$$100×0.1×6+70×0.9×6=60+378=438,$$

$$100×0.8×4+0.8×546+70×0.2×4+0.2×438-300$$

$$=320+436.8+56+87.6-300$$

$$=600.4 万元(式中 300 万元为投资额)$$

方案 3:

$$100×0.7×6+90×0.3×6=420+162=582,$$

$$100×0.1×6+90×0.9×6=60+486=546,$$

$$100×0.8×4+0.8×582+90×0.2×4+0.2×546-350$$

$$=320+465.6+72+109.2-350=616.8 万元(式中 350 元为投资额)$$

由于方案 3 的计算结果效益略高于方案 2,因此执行方案 3 后,仍可能抽出一些钱购买共性书、线装古书、高价工具书、稀缺书。

第二章
图书馆的人力资源管理

第一节　现代人力资源在发掘物质资源与精神资源中的作用

一、现代人力资源在创业中不断发掘物质资源与精神资源

随着人们的使用与挖掘,传统资源逐渐减少,因而必须不断地用新的资源去代替它。代替物就是现代化资源。比如说,人们原来烧饭用柴,后来改为用煤;人们用汽车代步,汽车需要用汽油作为能源。这里的柴、煤与汽油,要么是植物,要么是矿产,都是最基本的物质资源。这些物质资源,要么再生产能力有限,要么很快就会用完。

单纯存在于自然界中的物质并非资源,而是由掌握技术的人们转变成资源。人们能够很快认识到自然界中物质的作用。可以说,在掌握技术的人们心中无"废物":垃圾可用来发电;沙子、石头曾被认为是最没有用的,但钢筋混凝土的发明使沙子变成宝,可制成砂轮、提炼油石,研磨机械加工零件;大理石切割后,是铺设室外地板的上好材料;白石可研磨成粉,作为化妆品的主要成分。欧洲很多地方的雕塑,是用意大利阿尔卑斯山的白石头做成的,据说,如果把白石头直接磨成粉太浪费了,要先采用整块的做雕塑,零碎的才研磨成粉。

资源通常被定义为:在掌握技术的人们手中,将自然界的物质开发出来的、可变成产品的物质。

从物质资源的角度出发,地球不是由废物组成的,而是由现代资源组成的。

人力资源是一种扩大了的定义,因为人不是产品。那么人力资源是什么呢?资源,即使它的定义被扩大了,也首先要对人们有用。因此,不能够进行脑力劳动与体力劳动的人,比如植物人,是绝对不能构成人力资源的。因此,

人力资源就是指有能力制造物质资源与精神资源的人。也就是说,人力资源,实际上是劳动力资源。如果一个人失业了,那么就会造成这个人及国家对人力资源的浪费。

人力资源的浪费有两种情况,一种是失业,另一种是不合理地安排人力资源。高尔基说:"宝贝用错了地方,就成了垃圾。"

曾经有一位学者到了日本,看到饭店里面打扫卫生的工作人员都是七十多岁的老太太,他很不解,于是问那老太太为什么这么大年龄还在工作。老太太回答,因为年轻人都在更需要他们的地方工作。这种合理安排劳动力的方法是值得参考的。

二、创造力是创业之源

既然资源是与产品联系在一起的,那么要搞产品,就需要创业。

创业不是简单地开个店或创办一家企业,如果仅仅这么想,那么注定会失败。创业,首先需要创造性思维,没有创造性思维也就无法创业。

德斯勒说,一家企业的生存与发展,越来越依赖于创造性变革和新的、特殊的能力。奈斯特龙认为,创造力是创新的先导。F.阿贝尔强调,企业需要富有创造力的营销部门。目前的时代是竞争的时代,社会主义市场经济的时代。如果企业没有发挥创造力,没有创新,就没有精神,没有灵魂,没有生长点,没有形成层。企业就是无源之水,无本之木。图2-1为创业方法结构图。

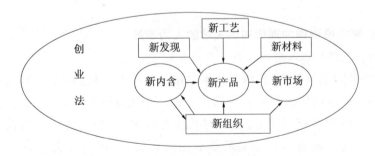

图2-1 创业方法结构图

由图2-1可见,要生产任何一种新产品,必须有新的组织方式,具备新的内涵,用新发现、新工艺与新材料去开拓新的市场。

三、现代知识人群的人力资源增长了创优意识

掌握太阳能的发电,需要用大量的硅光电池,硅光电池是目前将太阳光的

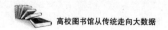

光能转化为电能的有效器件。而发现硅光电池、研制与设计硅光电池,是需要比较高深的半导体知识的。科学是不断向前发展的,目前的科学已经发现了新的光电材料,那就是碲化镉薄膜光电池。这种碲化镉薄膜光电池只要涂在玻璃上,就可以把一块普通的玻璃变成光电材料,通过太阳光转换成电能来发电。

原子能的和平利用,更是需要许多现代化的科学知识,包括基础物理与数学知识、原子结构知识与原子核结构知识等。其他如水力发电的设计,以及燃料电池的研制、生产与应用,也都需要具备现代科学知识。从这个意义上来说,没有现代科学知识,就没有这些高科技产品。因此,现代知识人群的人力资源增长了创优意识。图 2-2 是一个高水平产生高绩效的统计效果示意图。

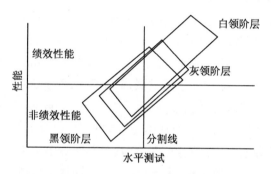

图 2-2　各阶层人员职业性能与测试评分的关系

四、智力投资增加现代知识人群的人力资源

（一）现代知识人群的人力资源的贡献

邓小平同志早就指出,科学技术是第一生产力。从图 2-2 的统计规律性上可看出,受过高等教育的白领阶层,比灰领阶层与黑领阶层(或称蓝领阶层)有较高的职业技能评分,从而对社会有较大的贡献;受过高职教育的灰领阶层,也比黑领阶层有较高的职业技能评分,从而对社会也有较大的贡献。这里可以说,白领阶层是高等技术人力资源,又称人才资源;灰领阶层是中等技术人力资源;而黑领阶层是低等技术人力资源,或仅称为人口资源。由图 2-3 可见,在综合测量中,职业水平的职业技能的高低因职业培训教育水平的高低而异。

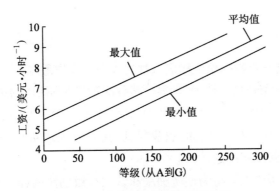

图 2-3　工资等级随技能级别的变化

（二）工资水平随技能级别的提高而提高

马克思说："钟表工人比做馒头的工人具有较高的工资。"那是因为钟表工人的工艺水平较高，要达到这种工艺水平，需要较高层次的知识与较好的技术基础。

一般来说，人们的职业技能级别越高，对国家、社会、企业的贡献就越大，其经济效益与社会效益就越大，当然工资等级就越高；工资高了，生活质量就会提高，这是显而易见的因果关系。

（三）智力投资增加现代知识人群的人力资源

扩大教育面，进行更多的智力投资，会增加现代知识人群的人力资源，为国家和社会培养更多大学生、研究生和高级技术人才。

从公办、民办、外资引进等多渠道培养人才，把"大学"从四书五经中所说的"大人之学"变成"大众之学"。

提高整个国家和社会的知识与技术水平，从而提高人口本身的质量，把人口资源变成人才资源。

五、健康投资增加了现代知识人群的人力资源

设想一个人经过幼儿园 3 年、小学 6 年、中学 6 年、大学 4 年，共 19 年的培养，却没有健康的身体，比方说大学毕业后 5 年就死亡，这对国家和社会是一个多么大的损失！如果每个人都身强体壮地发挥作用，到 60 岁退休，可以工作 38 年。那么国家对后者的培养效率就是前者的将近 8 倍。也就是说，后者的智力投资的效益是前者的近 8 倍。显然，健康投资相对增加了现代知识人群的人力资源。

我们国家搞发展体育运动、医疗保险（包括目前已经在农村开始试行的医疗保险），目的就是增强人民体质，从而使健康投资，增加现代知识人群的人力

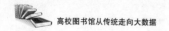

资源作用。

六、激励进一步发挥现代知识人群的人力资源作用

美国管理学家拉伯夫认为,世界上最伟大的管理原则就是激励。

日本工人用 100 个工时就可以生产与装备一辆汽车,而美国工人需要 200 个工时。日本工人有终生的职业保证,而且收入的 40% 与经济效益及奖金挂钩,这就是激励产生的效果。

激励方法,历史上有行为型激励法和认知型激励法两种。小孩过独木桥,过去即可获得奖励,这属于行为型激励法。知识竞赛,胜者得奖,这属于认知型激励法。

激励主要有奖金、奖品、奖状、工资、晋升、休假、旅游、住房、汽车等,这些都属于外界刺激。外界刺激满足了个人的需要。对个人的激励投入价值越高,对他的期望值越大,他所付出的代价越大,动机产生行为,行为达到效果,从而获取的经济效益越大,这就是个人所追求的目标,见图 2-4。

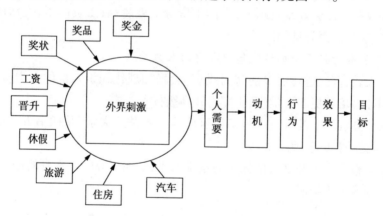

图 2-4　外界刺激对个人行为的作用

七、企业家与管理人员如何运用激励

(1) 调查个人喜好,对于喜欢的事情,人们在工作的时候,心情是愉悦的,效果就比较好。

(2) 调查职工反映,不断地采纳职工的正确意见,改进工作,提高工作效率。

(3) 纠正"歪嘴和尚",下级需要正确地理解上级下达的任务。

激励不好会有副作用,甚至适得其反。例如:唯一奖,每年都奖给贡献与大家差不多的同一个人,大家不服气;循环奖,各年轮流 A、B、C,机会人人有,明年到"我家";其他还有主观奖、哭闹奖、亲者奖、期望奖、安慰奖等。因此,关于怎样才能有好的激励作用,要有一个标准。

八、拉纳夫提出的激励的 10 种标准

(1)奖励长期行为,不奖励短期行为。做任何工作,都应该有一个相对长期的打算。

(2)奖励敢于冒险,不奖励逃避风险。艰苦的工作,往往是通往成功与胜利的保证,总得有人去做。

(3)奖励独创精神,不奖励只知盲从。凡事应该动脑子想一想,该不该做,如何做好。

(4)奖励果敢行动,不奖励只说不动。想法好了就应该付诸行动,不能纸上谈兵。

(5)奖励提高效率,不奖励只会苦干。提高效率,符合多、快、好、省的原则。

(6)奖励精兵简政,不奖励烦琐哲学。能够指挥部下用较短的时间与精力完成同样的任务,才是英明的指挥家。

(7)奖励能出成果,不奖励夸夸其谈。不要做《三国演义·失街亭》中的马谡。

(8)奖励提高质量,不奖励草草了事。一定要坚持质量第一的原则。

(9)奖励忠诚敬业,不奖励屡屡跳槽。要以国家与集体利益为重,不能只考虑个人利益。双向选择,跳一两次槽,情有可原。屡屡跳槽,属于不安心工作,工作效率难以保证。

(10)奖励团队精神,不奖励制造分裂。人心齐,泰山移,团结一致,才能无往而不胜。

九、计划生育增加现代知识人群的后备力量

计划生育政策提倡优生优育。第一,人口控制,不去"争"粮食,大家生活得更好,发挥积极的作用。第二,父母集中精力,给孩子以启蒙教育。第三,整个中华民族都有健康的体魄,同样的投资,得到更好的效果。因此,计划生育增加了现代知识人群的后备力量。

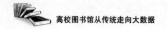

第二节 图书馆人力资源管理问题的提出

一、人力资源概念的提出

1958年,彼得·德鲁克教授首次提出人力资源的新概念,经过许多专家学者的努力研究,直到20世纪80年代,人力资源管理理论才被社会各界所接受。

经济改革发展的主体和根本动力是人,是人力资源所引发的管理革命,人力资源管理已经成为教育界和管理界探讨的重要学科理论。

人员是图书馆诸要素中最活跃、起决定作用的因素。人员的素质决定图书馆工作的效率和质量,决定图书馆事业的前途,是图书馆的生命线。

改革开放以来,我国图书馆在人力资源管理方面的改革卓有成效,其主要标志是,认识了人力资源开发与管理的重要性,并逐步认识到图书馆事业要发展,首先在于图书馆的人才。在管理中初步引入竞争机制、激励机制和淘汰机制。

二、我国劳动力数量的下降与质量的提升

大数据指出,我国劳动力人口,2011年为9.25亿人,随后逐年下降,2018年劳动力人口总数为8.97亿人,占总人口的比重为64.3%,同比减少470万人,比重下降0.6%。劳动力人中虽然在减少,但是经济效益在不断增加,一个重要的原因是人力资本在上升。而人力资本是指在劳动力身上的资本,它与劳动力的知识水平、科学技术能力及健康状况有关。李海峥说:"教育程度的提升可以在一定程度上弥补劳动力减少所带来的影响。"

三、人力资本与经济发展的正相关性

人力资本的多寡,体现了这个地区未来的发展能力和潜力,人力资本的高低深刻地影响着地区的经济发展。

2017年,实际人均人力资本位列前10位的省份(市)为上海、北京、天津、浙江、江苏、山东、安徽、福建、江西、河北,这与各省份(市)的经济发达程度、人口平均受教育程度相一致。2017年,平均受教育程度最高的省份(市)前5位是北京、上海、天津、江苏、辽宁。

在统计学中,大多数相一致的情况称为统计规律,极少数不一致的地方称为涨落现象。从以上情况看来,两者之间呈现出高度的吻合与正相关性。

第三节 图书馆的人力资源状况

如上所述,成绩显然是主要的。但是,面对相对落后、起步较晚的历史状况,要赶上甚至超过世界先进水平,图书馆人力资源管理现状仍然需要突破,具体表现在以下几个方面。

一、员工知识结构需要更快地跟上国家的发展

这也是我国图书馆现有人力资源中一个显著的问题。人力资源管理,主要是指对人力这一特殊资源的有效开发、合理利用和科学管理。

从开发的角度看,它不仅包括智力开发,也包括人的思想文化素质、道德觉悟及法律知识的提高;不仅包括人的现有能力的充分发挥,也包括人的潜力(特别是创新能力)的有效挖掘。

二、不断培训与提高,在图书馆界逐步深入人心

专家学者的一次次自上而下的宣传,使得人力资源开发与管理渐渐受到重视。人力资源开发与管理的新理念在图书馆界正在进一步深入人心,过去很多高校重点把图书馆的发展放在投入上面;现在,传统的图书馆建设方法与人事管理方法逐步改变,人力资源的现代化步伐得到重视。其实,时至今日,图书馆界真正的危机已经不在于物,而是在于人,在于需要一支高素质的图书馆员工队伍。

三、阅读推广工作者首先要加强阅读

阅读是为了什么? 主要是为了立身、工作与生活。

首先是为了立身,就是做人,德育教育。古人教育我们:富贵不能淫,贫贱不能移,威武不能屈。意思是:当官时不能贪污腐化与道德败坏;贫苦时不能偷盗而失去好公民的意志;碰到强大的敌人,不能屈服投降当汉奸。

其次是为了工作。我们的工作目的是为人民服务,只有有工作能力的人为人民服务,国家才会富强,民族才会兴旺,人民才能安康。各行各业中工作的种类繁多,大致可以分成工业、农业、商业、金融、信息、军事与文化教育娱乐七个方面。

再次是为了生活。阅读是为了陶冶情操、丰富生活、满足人们精神文化方面的需求,比如烹饪、购物、旅游、养花种草、文化、体育、娱乐活动等。

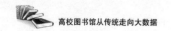

阅读,简单地说,是为了解前人的经验,因此是传承性的,学习传承性东西的目的是创新。因为只有创新,才能使社会向前发展。用户是阅读的主体,而书刊、文献、资料、档案,包括纸质的与电子的,则是阅读的受体。

目前,全民阅读推广工作如火如荼地向前发展,这对于我国高中以上人口比例不足一半的情况而言,是一个比较繁重的任务,必须要持有新理念、拥有新思考、掌握新技能、走出新路子、学习新经验。

四、加强互联网与计算机的应用能力

互联网(Internet)是 1969 年从美国的阿帕网(Arpant)发展起来的。我国互联网起步较晚,1994 年,中国成功实现全功能接入国际互联网。

互联网的发展,提高了我国人民的幸福感与满意度。政府的行政职能,也由于互联网平台、信息、微信的引入,向智慧化方面跨进了一大步,建立了中国互联网络信息中心(China Internet Network Information Center,CNNIC)。

五、需要加强信息的整合能力

在人才的使用方面,少数高校图书馆有时仍然被作为学校解决引进人才家属就业和分流编余人员的去处,而图书馆真正所需的专业人才却难以如愿招纳,导致人员的整体素质下滑。

然而,随着全国经济技术水平的日益提高,全民的学历也在不断提升,除了九年制义务教育,更多人所受教育延伸到高中,这种现象正向良好的方向转变。

传统的图书馆只需流通、采购、阅览、编目、典藏。现代化的图书馆还需要网上查询、电子阅读、外语分类、信息分类、大数据入库存,信息整合能力与阅读推广能力,乃至区块链处理能力与云计算能力。

六、新理念层出不穷,需要跟上时代脚步

区块链技术、互联网+、创客空间、真人图书馆、信息服务、电子阅读、严肃阅读、碎片化阅读、数据监护平台、智慧图书馆、智慧网站,这些新概念、新思考、新方法层出不穷,图书馆馆员需要日复一日不间断地学习,才能适应社会的发展,更好地为用户服务。

七、图书馆人才评估问题

这里只是提供一个检测方法,具体数值与特定的图书馆环境、条件、状况,

及特定的图书馆工作人员学历、经历、能力、水平都有关系。也就是说,方法相同而数值不同,因馆、因人而异。

图2-5为作者张敷欣与镇江高专图书馆同仁交流人力资源管理工作经验。

图2-5　作者(左)与图书馆同仁交流图书馆人力资源管理工作经验

以某高校图书馆为例,它的情报专业的所有毕业生总能力水平为1,其中图书情报知识是他们的强项,平均占各人总能力的60%,即0.6;外语知识、互联网与计算机能力、信息整合能力及阅读推广能力的数值介于0与0.1之间;其他综合能力暂时忽略。这样,图书情报专业毕业生各种能力水平可以用柱状图表示,如图2-6所示。

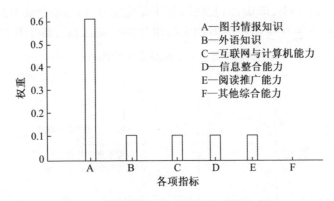

A—图书情报知识
B—外语知识
C—互联网与计算机能力
D—信息整合能力
E—阅读推广能力
F—其他综合能力

图2-6　图书情报专业毕业生各种能力水平

中文专业的毕业生,分为学英语(见图2-7)与学古汉语(见图2-8)两种情况,可以进行类似的分析。

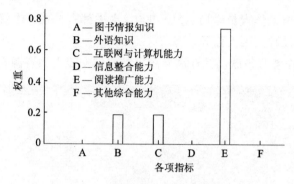

图 2-7　中文专业毕业生（学英语）各种能力水平

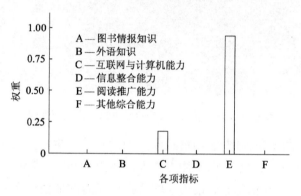

图 2-8　中文专业毕业生（学古汉语）各种能力水平

　　同样地，外语专业的毕业生的总能力水平为 1，其中外语知识是他们的强项，占总能力的 75%，即 0.75；互联网与计算机能力、信息整合能力及其他综合能力，其数值介于 0 与 0.2 之间；图书情报知识与阅读推广能力暂时忽略。这样，各种能力水平可以用柱状图表示，如图 2-9 所示。

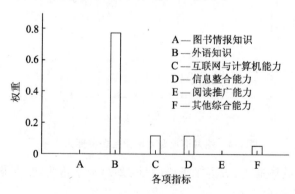

图 2-9　外语专业毕业生各种能力水平

计算机专业毕业生的总能力水平为1,其中互联网与计算机能力是他们的强项,占总能力的60%,即0.6;外语知识、信息整合能力及其他综合能力,其数值介于0与0.3之间;图书情报知识与阅读推广能力暂时忽略。这样,各种能力水平可以用柱状图表示,如图2-10所示。

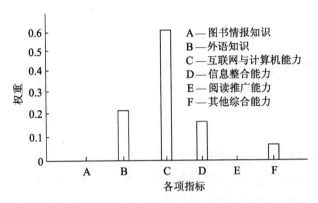

图2-10　计算机专业毕业生各种能力水平

还有部分其他专业类型的毕业生在搞图书情报工作,对于他们来说,困难与随机性更大一些,更多地取决于他们的自学能力与工作经历,还与培训的机会有关。各种能力水平可以用柱状图表示,如图2-11所示。

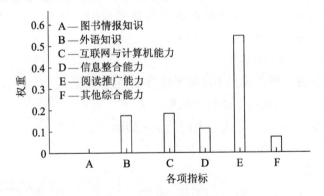

图2-11　其他专业各种能力水平

根据上面分析的这6种专业的不同情况,归类并将其总体数据列在表2-1中。

从以上图表可见,时至今日,高校教师队伍在学历上已经得到很大的提高,大多数是大专以上。而实践的需要不仅是学历的提高,还要考虑人才配套及一专多能问题。

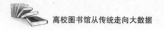
表 2-1　各种专业人员的知识结构表

	图书情报知识	外语知识	计算机知识	其他综合专业知识	单项专业知识	其他外语
图书馆情报专业	0.70	0.10	0.10	0.10	0	0
中文专业(学英语)	0	0.15	0.15	0	0.70	0
中文专业(学古汉语)	0	0	0.15	0	0.85	0
外语专业	0	0.75	0.10	0.10	0	0.05
计算机专业	0	0.20	0.60	0.15	0	0.05
其他专业	0	0.15	0.15	0.10	0.55	0.05

八、图书馆的人力资源管理改革

根据以上情况,对图书馆的人力资源管理改革,提出几点建议。

（一）认清形势,把握未来

图书馆各级各类领导者应加强管理与培训,把人力资源与人才资源的理念通过宣传,深入到每一个图书馆员工的心中。

（二）发挥激励机制作用

真正做到干与不干不一样、多干与少干不一样、效率高与效率低不一样、干得好与干得差不一样、高档次的人干与低档次的人干不一样,以期留住人才,发展人才,使大家向高端人才看齐。

（三）人尽其才,物尽其用

在人力资源管理方式上不仅要考虑事,而且要考虑人。

（四）充分发挥被领导者的主观能动性

可能性变为现实性,取决于人们的主观能动性。

（五）引进与培养高素质的复合型人才,避免知识老化

由表 2-1 可见,一个好的图书馆,需要整个图书馆的团队员工知识互补与配套,起初大部分员工应该是图书馆专业毕业生,而小部分成员适当地配备计算机人才、外语人才及其他专业人才。通过进一步培养,使员工都成为高素质的复合型人才。以上内容可用图 2-12 简洁概括。

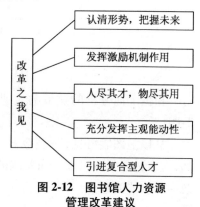

图 2-12　图书馆人力资源管理改革建议

第四节　图书馆借鉴高校教师奖金分配到系的科学化

在我国目前的经济状况下,奖金是极其重要的一种激励方式。随着工资改革,教师的奖金发放也要相应地改革,目前图书馆工作人员尚没有独立的激励方式,其做法是参考系部对于教师的激励方式。多年以来,教师工作量奖金中有合理的成分,应当适当保留,但也有一些不尽人意的地方,需要改革。

由于教师的人数随学生人数的增加而日益增加,系部数、专业总数、班级数、每班级人数都在不断地变化。以镇江高等专科学校为例,变动的主体原则有以下几点:

① 教师奖金总量在上一年 110 万元的基础上不变化;

② 在诸多变化因素中,按其重要性,从大到小排列;

③ 找出前四种因素,每个因素给予适当的系数,根据求出的系数进行分配;

④ 目前学校教职员工 598 人,根据工作表现,奖金数略有变化,但总盘不变。

目前适用的公式为

$$P = aA + bB + cC + dD$$

式中:A——全系学生总数;

　　　B——该系每专业平均学生人数;

　　　C——该系每班级平均学生人数;

　　　D——生师比;

　　　$a = 50\%, b = 20\%, c = 15\%, d = 15\%$。

例如,工商管理系学生总数 A 为 1 802 人,该系每专业平均学生人数 B 为 164 人,每班级平均学生人数 C 为 40 人,生师比为 12。则有

$$
\begin{aligned}
P &= aA + bB + cC + dD \\
&= 50\% \times 1\,802 + 20\% \times 164 + 15\% \times 40 + 15\% \times 12 \\
&= 901 + 32.8 + 6 + 1.8 \\
&= 941.6
\end{aligned}
$$

941.6 就是分配权数,将 110 万元按分配权数分配给各系。各系再分配给每一位教师,在各系分配给教师时可参考表 2-2 及各教师的周课时数。为了提高人力资源效益,鼓励每班级适当增加人数,一个标准班人数为 40 人。人数增加,奖金按系数单调增加;人数减少,奖金按系数适当减少。教基础课的教

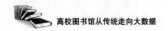

师,因为学生人数一般比较多,所以批改作业数量增加,困难增加。为保证教学质量,一般不安排 100 人以上的班级。但教专业课的教师往往教新课且所教课品种多,写教学文件的工作量较大。

设对教师的激励系数为 k,则每班级平均学生人数与激励系数之间的关系如表 2-2 所示。

表 2-2 每班级平均学生人数与激励系数 k 之间的关系

每班级平均学生人数	激励系数 k	每班级平均学生人数	激励系数 k
20 人以下	0.75	55~64 人	1.2
21~29 人	0.8	65~74 人	1.3
31~39 人	0.9	75~84 人	1.4
40~44 人	1	85~100 人	1.5(最大值)
45~54 人	1.1		

图书馆的工作人员如何评估? 可以用系数相加法做参考。假设:

A—工作达标,10%~20%;

B—评优评奖,10%~20%;

C—遵守纪律,10%~20%;

D—参加培训,10%~20%;

E—团结同事,10%~20%。

则有
$$P_i = A + B + C + D + E$$
式中:P_i 为第 i 名职工的奖金系数,也就是该职工的分配权数。

第五节 用模糊数学方法选择人才

这里介绍的是由集合理论与矩阵知识进行联合运算,以定模糊数学决策的一种数学方法。

假设:"∨"表示"并",即取两元素中的最大元素;"∧"表示"交",取两元素中的最小元素。

如果 A 与 B 都是 n 阶方阵,那么 $A = (a_{ij})_{n \times n}$,$B = (b_{ij})_{n \times n}$,$a_{ij} \in [0,1]$,$b_{ij} \in [0,1]$。

若 $a_{ij} = b_{ij}$,则称 $A = B$;

若 $a_{ij} \in b_{ij}$,则称 $A \subset B$;

若 $c_{ij}=a_{ij}\vee b_{ij}$，则称 C 为 A 与 B 的并，记为 $C=A\vee B$；

若 $c_{ij}=a_{ij}\wedge b_{ij}$，则称 C 为 A 与 B 的交，记为 $C=A\wedge B$；

$\overline{A}=(1-a_{ij})_{n\times n}$ 为 A 的补阵。

例如，$A=\begin{bmatrix}0.3&0.3\\0.2&0.5\end{bmatrix}$，则 $\overline{A}=\begin{bmatrix}0.7&0.7\\0.8&0.5\end{bmatrix}$。

$A\wedge\overline{A}=\varnothing$（空集），$A\vee\overline{A}=X$（全集）。这里的矩阵满足集合论中所有交换律、分配律、结合律，也满足矩阵乘法，只是将一般矩阵中的"×"换为"$\wedge$"，"+"换成"$\vee$"。

令 $A=(a_{ij})_{m\times s}$，$B=(b_{ij})_{s\times n}$，先将它们的乘法看成是一般矩阵的乘法，则

$$A\cdot B=\begin{bmatrix}a_{11}&a_{12}&\cdots&a_{1s}\\a_{21}&a_{22}&\cdots&a_{2s}\\\vdots&\vdots&&\vdots\\a_{m1}&a_{m2}&\cdots&a_{ms}\end{bmatrix}\begin{bmatrix}b_{11}&b_{12}&\cdots&b_{1n}\\b_{21}&b_{22}&\cdots&b_{2n}\\\vdots&\vdots&&\vdots\\b_{s1}&b_{s2}&\cdots&b_{sn}\end{bmatrix}$$

$$=\begin{bmatrix}a_{11}b_{11}+a_{12}b_{21}+\cdots+a_{1s}b_{s1}&a_{11}b_{12}+a_{12}b_{22}+\cdots+a_{1s}b_{s2}&\cdots&a_{11}b_{1n}+a_{12}b_{2n}+\cdots+a_{1s}b_{sn}\\a_{21}b_{11}+a_{22}b_{21}+\cdots+a_{2s}b_{s1}&a_{21}b_{12}+a_{22}b_{22}+\cdots+a_{2s}b_{s2}&\cdots&a_{21}b_{1n}+a_{22}b_{2n}+\cdots+a_{2s}b_{sn}\\\vdots&\vdots&&\vdots\\a_{m1}b_{11}+a_{m2}b_{21}+\cdots+a_{ms}b_{s1}&a_{m1}b_{12}+a_{m2}b_{22}+\cdots+a_{ms}b_{s2}&\cdots&a_{m1}b_{1n}+a_{m2}b_{2n}+\cdots+a_{ms}b_{sn}\end{bmatrix}$$

将一般矩阵中的"×"用"$\wedge$"代替，"+"用"$\vee$"代替，则 $A\cdot B$ 可写为

$$\begin{bmatrix}(a_{11}\wedge b_{11})\vee(a_{12}\wedge b_{21})\vee\cdots\vee(a_{1s}\wedge b_{s1})&(a_{11}\wedge b_{12})\vee(a_{12}\wedge b_{22})\vee\cdots\vee(a_{1s}\wedge b_{s2})&\cdots&(a_{11}\wedge b_{1n})\vee(a_{12}\wedge b_{2n})\vee\cdots\vee(a_{1s}\wedge b_{sn})\\(a_{21}\wedge b_{11})\vee(a_{22}\wedge b_{21})\vee\cdots\vee(a_{2s}\wedge b_{s1})&(a_{21}\wedge b_{12})\vee(a_{22}\wedge b_{22})\vee\cdots\vee(a_{2s}\wedge b_{s2})&\cdots&(a_{21}\wedge b_{1n})\vee(a_{22}\wedge b_{2n})\vee\cdots\vee(a_{2s}\wedge b_{sn})\\\cdots&\cdots&&\cdots\\(a_{m1}\wedge b_{11})\vee(a_{m2}\wedge b_{21})\vee\cdots\vee(a_{ms}\wedge b_{s1})&(a_{m1}\wedge b_{12})\vee(a_{m2}\wedge b_{22})\vee\cdots\vee(a_{ms}\wedge b_{s2})&\cdots&(a_{m1}\wedge b_{1n})\vee(a_{m2}\wedge b_{2n})\vee\cdots\vee(a_{ms}\wedge b_{sn})\end{bmatrix}$$

设 $X=\{x_1,x_2,\cdots,x_n\}$ 是综合评价因素所组成的集合；$Y=\{y_1,y_2,\cdots,y_n\}$ 是专家评语所组成的集合。

R 是由 X 为行，Y 为列所组成的模糊关系矩阵，其元素 R_{ij} 表示综合评价因素符合专家评语的程度。$\Lambda=\{a_1,a_2,\cdots,a_n\}$ 是权重分配。

不失普遍性，以一个实际情况为例，某人才市场招聘人才，招聘者对应聘者从五个方面考察，x_1（学历）、x_2（身体）、x_3（知识）、x_4（年龄）、x_5（技能），它们的权重分别为 0.2,0.1,0.3,0.2,0.2，四个等级评语分别为 y_1（优）、y_2（良）、y_3（中）、y_4（差）。应聘者的考察结果如表 2-3 所示，这实际上相当于一个以 x_i 为行，y_i 为列的矩阵。

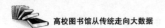

表 2-3　应聘者得分统计

评语 综合评价因素	y_1(优)	y_2(良)	y_3(中)	y_4(差)
x_1(学历)	0.7	0.2	0.1	0
x_2(身体)	0.5	0.4	0.1	0
x_3(知识)	0.4	0.4	0.1	0.1
x_4(年龄)	0.3	0.5	0	0.2
x_5(技能)	0.4	0.3	0.2	0.1

$$\boldsymbol{R}=\begin{bmatrix} 0.7 & 0.2 & 0.1 & 0 \\ 0.5 & 0.4 & 0.1 & 0 \\ 0.4 & 0.4 & 0.1 & 0.1 \\ 0.3 & 0.5 & 0 & 0.2 \\ 0.4 & 0.3 & 0.2 & 0.1 \end{bmatrix}, \boldsymbol{\lambda}=\begin{bmatrix} 0.2 & 0.1 & 0.3 & 0.2 & 0.2 \end{bmatrix}$$

$$\boldsymbol{B}=\boldsymbol{\lambda}\cdot\boldsymbol{R}=\begin{bmatrix} 0.2 & 0.1 & 0.3 & 0.2 & 0.2 \end{bmatrix}\begin{bmatrix} 0.7 & 0.2 & 0.1 & 0 \\ 0.5 & 0.4 & 0.1 & 0 \\ 0.4 & 0.4 & 0.1 & 0.1 \\ 0.3 & 0.5 & 0 & 0.2 \\ 0.4 & 0.3 & 0.2 & 0.1 \end{bmatrix}$$

$$=\begin{bmatrix} (0.2\wedge0.7)\vee(0.1\wedge0.5)\vee(0.3\wedge0.4)\vee(0.2\wedge0.3)\vee(0.2\wedge0.4) \\ (0.2\wedge0.2)\vee(0.1\wedge0.4)\vee(0.3\wedge0.4)\vee(0.2\wedge0.5)\vee(0.2\wedge0.3) \\ (0.2\wedge0.1)\vee(0.1\wedge0.1)\vee(0.3\wedge0.1)\vee(0.2\wedge0)\quad\vee(0.2\wedge0.2) \\ (0.2\wedge0)\quad\vee(0.1\wedge0)\quad\vee(0.3\wedge0.1)\vee(0.2\wedge0.2)\vee(0.2\wedge0.1) \end{bmatrix}^{\mathrm{T}}$$

$$=\begin{bmatrix} 0.2\vee0.1\vee0.3\vee0.2\vee0.2 \\ 0.2\vee0.1\vee0.3\vee0.2\vee0.2 \\ 0.1\vee0.1\vee0.1\vee0\quad\vee0.2 \\ 0\quad\vee0\quad\vee0.1\vee0.2\vee0.1 \end{bmatrix}^{\mathrm{T}}=\begin{bmatrix} 0.3 \\ 0.3 \\ 0.2 \\ 0.2 \end{bmatrix}^{\mathrm{T}}=\begin{bmatrix} 0.3 & 0.3 & 0.2 & 0.2 \end{bmatrix}$$

根据专家综合评价结果,符合优秀标准评语的为 0.3,符合良好标准评语的为 0.3,符合中等标准评语的为 0.2,符合差的标准评语的为 0.2。

因此,该应聘者属于中上水平,因为优良评价占比为 0.3+0.3=0.6=60%。

第三章
知识经济条件下文化编辑人员素质的培养与提高

第一节　文化编辑人员的现状

随着科学技术的不断发展和知识的不断更新,各行各业都意识到人才的重要性。对于出版社这种知识密集性与学术密集性企业,人才的重要性矛盾日益尖锐化。如何优化文化编辑人员的素质培养,逐渐被提上日程。素质提高的标准是政治坚定,作风过硬,纪律严明,业务精干。

改革开放以来,随着祖国前进脚步的加快,人们对物质文化生活的需要不断增长,因此文化编辑人员的素质必须不断地进步与提高,稍有滞后就会落后于形势,就会辜负党和人民对他们的期望。

第二节　文化编辑人员目前存在的问题

目前文化编辑人员中存在三大矛盾(见图3-1)。第一个矛盾是年龄结构不平衡,现有的编辑人员年龄渐渐老化,需要不断地补充年富力强的新生力量。第二个矛盾是专业结构不平衡,有些专业人员偏多,而另一些专业人员偏

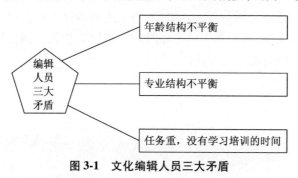

图 3-1　文化编辑人员三大矛盾

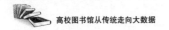

少,这就需要编辑人员不断地学习,通过学习来满足专业所需;第三个矛盾是出版社需要自负盈亏,巨大的经济压力使得工作人员时间十分紧张,因此抽不出时间进行再学习,难以进一步获得丰富的知识。编辑工作除了电脑操作,就是手工操作,不可以使用机器进行规模化操作,这就需要对这一类人员进行减负,以便他们腾出手来参加培训,提高工作能力。

第三节　文化编辑人员素质的培养与提高途径

一把钥匙开一把锁,要有针对性地解决问题。文化编辑人员的第一个矛盾是年龄结构不平衡,这属于人力资源问题,只能通过引入新生力量,组织上做适当的调整来解决。第二个矛盾是专业结构不平衡,首先要充实知识结构,除了多参加培训班和学习班进行学习外,一般以自学为主。所有员工要养成热爱学习、多读书、读好书的优良习惯。全民阅读对他们来说更是非常实用。世界已经进入知识经济的时代,人们不能仅满足于简单的吃饭穿衣等一般的物质生活要求,而是要不断地满足人们不断增长的物质文化生活需要。物质生活的提高需要知识,精神文化生活的提高更需要知识。社会的发展不仅需要传承知识,还需要创造知识,创造的主体是人,人的智力得到充分的开发,才能开发其创造性。人的素质的提高也需要知识,需要积累丰富的经验,更需要不断创造出新知识。一般的企业需要这样,对于出版社来说更是如此。

只有出版行业高素质化、高智能化,才能满足国家的现代化对出版行业的需要,才能生产出文化层次更高、眼光境界更高、品味档次更高的精神食粮。因此,学习与培训是刻不容缓的大事,是一项非常有效的重要工作。当前,知识的发展既多维又强调分工合作,而我们不可能在出版社配备所有的专业,有的专业人才集中,有的专业人才稀少,这是正常现象。依靠调配只能解决部分问题,主要还是通过培训与自学。最后,为了使出版社工作人员有充分的学习时间,人员不宜太少,且每个人的工作时间不可以安排得太满。缓解编辑人员三大矛盾的办法可用图3-2表示。

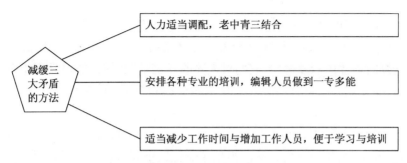

图 3-2　减缓编辑人员三大矛盾的办法

第四节　知识经济条件下对人才的更高要求

"我劝天公重抖擞,不拘一格降人才",这是龚自珍的名句。中国自古就流传了不少关于人才的成语,比如才高辈出、鸾翔凤集、人才济济、八斗之才、郎才女貌、七步之才、才华出众、才气横溢。除了过去所说的天才、人才、怪才以外,现在又加了一个鬼才,当然还有庸才……。除去庸才之外,以上这些都在人才之列(见图 3-3)。

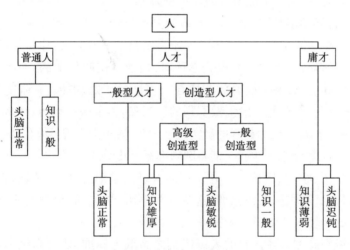

图 3-3　人才的分类

人才的分类,真的是五花八门,品种繁多,比如转向型人才、专门型人才、专家型人才、一专多能型人才、现代型人才、特异功能型人才、"黄牛型"人才、"猴子型"人才、"龙虎型"人才、领导型人才、组织型人才、外向型人才、公关型人才、特殊型人才、复合型人才、教育型人才、传承型人才、基础型人才、专业基础型人才、专业型人才、实用新型人才、知识型人才、能力型人才、职称型人才、

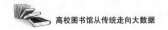

学位型人才、理论型人才、技术型人才、创新型人才。

如此多的类型,哪一种才算是人才?这就需要给人才下一个定义。人事部门是判断人才的权威部门,它们对人才的界定是:在知识方面具有中专以上的学历;在专业方面具有初级以上技术职称;同时在专业技术岗位上工作,并给定现在的工作类型。

强调知识型与专业型是对的,以往在选择干部的标准上也曾有过革命化、知识化、专业化、年轻化的说法。当然革命化最重要,这是政治与道德的标准,先德后才,永远是正确的。

一个科学的定义必须具有唯一性与排他性,不能有任何的模糊不清与模棱两可。给人才下定义的问题,在学术界都没有得到解决。即便是人才学的学者也是各有一番说法。

一、人才的定义

关于人才的定义,众说纷纭。

(1)人才就是拥有能力的人。中英文字典中"人才"英译为"ability",就是指人的能力,相当于上面所说的能力型人才。

(2)"特异功能型"人才。有人认为要有特殊的能力才算人才,相当于上面所说的特异功能型人才或突出型人才。比如,《三国演义》中东吴的孙权、诸葛亮与蜀汉的刘备、周瑜研究火烧赤壁时,出现一位叫任泽的,他向曹操献诈降书以勾引其上当,书中描写此人具有"一目十行"之功能。一眼能看到十行书,而且牢记在心,这是一般人做不到的。当然,为了吸引读者,作者描写时可能有些夸张。然而记忆力超强的确实大有人在,扬州中学曾经有位语文老师,能将康熙字典倒背如流,不少孩子能将圆周率背上几千位数字,也是有据可查的。

(3)学历、学位、职称型人才。有的人以大学毕业证、学位证,教授、高级工程师、研究员等职称证为标准,这些人为学历、学位、职称型人才,他们是不少有知识的年轻人所崇尚的阶梯。

(4)级别高型人才。有的人以级别之高低为标准,认为高级别者必为人才,这在一定的条件下,做相对而言的综合性比较也许有参考价值。比如某人被评为研究员,每次提级、提薪都比别人要快一些,工资级别当然就上去了。但将此作为人才的定义,它的标准很模糊。比如,联合国秘书长工资之高在全球是有名的,但人们提到人才时,却没有他的份,大家想到的往往是诺贝尔奖获得者。

(5)创造型人才。这个标准与本章关系最大,即认为只有从事创造性劳动的人才算是人才。笔者喜欢兼收并蓄，认为这种说法同以上几种说法一样，都有些偏颇。不能仅仅说创造型人才才算是人才，应该说上述提到的几种人才，都对社会有贡献。

二、人才的分类

（1）按照不同性格分类，人才可分为龙虎型（决策型）、猴子型（公关型）、黄牛型（内向型）。

（2）按照学位分类，人才可分为学士、硕士、博士。

（3）按照职称分类，人才可分为初级，如助理工程师、助教、助理馆员等；中级，如工程师、讲师、馆员等；高级，如高级工程师、教授、研究员、研究馆员等。院士则是学位职称共同的最高级别。

（4）按照学科分类，人才可分为单一型、复合型（比如双学科或交叉型学科等）、多方位型（比如多学科）、全方位型（现在看来较为困难，因为分工越来越细了，历史上的罗蒙诺索夫就属于此种类型）。民办高校的诞生，使全方位人才成为可能。因为公办高校认可只会教两三门课的老师，便于成为专家。而民办高校不同，它规定老师必须要教课才得到工资，于是鼓励老师多教几门课。曾经有的民办大学老师一人能教 29 门课，这就是等于从实践中培养了全方位型的人才。

（5）按照知识类别分类，人才可分为基础型、专业基础型、专业型。

（6）按照学校学制分类，人才可分为中专型、大专型、大学本科型、硕士研究生型与博士研究生型。

（7）按照职业分类，人才可分为经济型、军事型、外交型、科技型、文学型、文化型等。

（8）按照发展与否分类，人才可分为传承型、创造型。

三、"朗道三角理论"人才的类型

如果说按这样的分类，人才的范围还是比较广，那么我们这里不妨给人才下一个较为宽泛的定义：人才是指在所从事的职业中，具有较大的能力或较广博的知识，并对社会贡献较大的人。

苏联著名物理学家、诺贝尔奖获得者、量子场论的作者朗道院士，在1962 年提出"朗道三角理论"，认为科技工作者可以划分为四种类型。第一种类型是正三角形类，代表头脑敏锐，而且基础知识扎实；第二种类型是菱形类，代表头脑敏锐，但是基础知识一般；第三种类型是对顶三角形类，代表头脑正

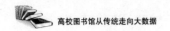

常,但是基础知识扎实;第四种类型是倒三角形类,代表头脑正常,而且基础知识一般。

从这个意义而言,人分三类。一类为人才,可细分一般型人才与创造型人才。一般型人才基础知识扎实,头脑正常;而创造型人才是头脑比较灵活的。在创造型人才中,又分一般创造型人才与高级创造型人才,他们虽然都是头脑灵活的,但是一般创造型人才基础知识一般,而高级创造型人才则是基础知识扎实的。至于头脑正常而基础知识一般化的,只是一个普通人,但可以做一些非科研的一般性工作,是人力资源而不是人才资源。而基础知识薄弱且头脑迟钝的,不要说做科技工作,就是一般工作也往往不能胜任,如再不努力增强自己的基础知识,就难免成为下岗的对象。

但是,哪一种人才对社会的贡献更大一些呢?关于这一点,毛泽东同志曾说过:"人民,只有人民,才是创造历史前进的动力。"这里说历史是靠创造而向前发展的。从事创造工作的人才,对推动社会向前发展及对人类的进步是做出较大贡献的。

四、创造型人才的构成

俗话说,"三百六十行,行行出状元。"这是指任何一项工作,无论是政治、军事、经济、行政、科技、工业、农业、建设……,都需要创造型人才。创造型人才是民族兴旺发达、国家繁荣昌盛、社会不断进步、人民生活日益改善的根源所在。他们是历史向前发展的最积极、最能动的因素,是开拓新的社会生产力的原动力,是国家的擎天白玉柱,是民族的跨海紫金梁。

哈佛大学的校长普西曾说过:"一个人是否具有创造能力是一流人才与三流人才之间的分水岭。"这里的一流人才,就是我们前面所说的高级创造型人才与一般创造型人才;三流人才,就是我们前面所指的一般型人才。

什么是创造型人才呢?简明扼要地说,就是德才兼备且具有创造意识与创造能力的人。他们的才能智慧是突出的,他们的意志是坚强而毫不动摇的,他们的气魄是雄伟的,他们无时无刻不在进行创造性思维,他们无时无刻不在充实创造力,他们无时无刻不在改进创造技能。我国的科学家钱学森、钱三强、邓稼先、黄昆等一大批人,就是这类人的代表。

就一流人才而言,无论是一般创造型人才还是高级创造型人才,都是十分难能可贵的,都是国家的精英、民族的希望。因为前面的章节曾经提道,任何低级的创造都是不可轻视的,它已经不再是简单而重复的劳动,而是进入了创造领域的劳动,劳动者所做的是前人没有做过的艰苦卓绝的伟大事业。在任何低级的创造性劳动面前,都有许许多多困难在等待着他,他必须每天与失败打交道,也许干了很长的时间都没有成功。

马克思曾经说过:"在科学的道路上是没有什么平坦大道可走的,只有那些不避荆棘、不畏险阻的人,才有可能到达科学的顶峰。"

在校学生中常常出现所谓高分低能问题,在工作岗位上也存在学历高而能力差的情况。即有的人学习成绩很好,或有相当扎实的基础知识,但实际解决问题的能力很差。这里说的问题有点类似,如果说到一般性知识,大学毕业生也就基本具备了,但具备了基本知识不一定能够具有创造性。究其原因,除了前面提到的头脑敏锐以外,还存在一个创造型人才的构成问题。

在创造型人才的构成中,人们首先想到的是才能与智慧,或者说是遗传因素、文化因素与能力因素。正如人们所说:"人生两个宝,双手和大脑,用脑不用手,饭来难张口,用手不用脑,饭也吃不饱。"在军事史上不会动脑子的军事指挥家,常常会被动脑子的军事指挥家打败;力拔山兮气盖世的项羽,败给了会用人才的刘邦;空有八十三万大军的曹操,败给了会用计谋的诸葛亮与周瑜;辽金十万大军,大败于有雄才大略的岳飞之手,而后者仅仅靠八百人马。这些例子数不胜数,都说明了才智常常比蛮力更重要。

那么,单有才智行不行? 回答是否定的。上述的成功例子也不仅仅只有才智发挥作用,还包含不少军事上的创造。

创造型人才不单取决于才智,才智只是基本因素。为此,美国有位教育家占士·克鲁斯,他和他的小组专门跟踪研究了1 000多位在创造方面卓有建树的人后发现,这1 000人里面,小时候智商高的并不多,甚至还有属于弱智的。实际上,物理学家爱因斯坦、发明家爱迪生、数学家陈景润都曾被认为水平低下。因而决不能认为一个人才智强或学历、学位、职称高就是一个创造型人才,这是对创造型人才概念不理解而导致的误解。当然,不可否认,才智也是创造型人才的一个条件,没有这个基本条件,是不能构成创造型人才的。

在某一类业务的解决上表现为"能力低下"的,在另一类业务的解决上也许具有卓越的才能,所谓隔行如隔山,就是这个道理。这里存在针对某一类业务的解决时的知识结构问题。

知识的关键是结构,并不是知识越多越好,而是要针对某一类业务的解决,有足够的相关知识。例如,现在要求大学生必须有较好的外语水平、计算机水平与相关的专业知识。因为如果没有较好的外语水平,就不能面对目前的改革开放的形势;而没有较好的计算机水平,就不能够通向信息高速公路;没有专业知识,就不能做好本职工作。也就是说,需要有一个组织好的知识框

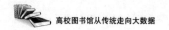

架。没有合理的知识结构,知识再广博也是没有用的。毛泽东同志曾说过一部分人"书读得越多越蠢"。一方面,他们没有合理的知识结构;另一方面,只有杂乱无章的那些不必要的知识,有时反而会束缚了自己的头脑。

要构成创造型人才(如图3-4所示),除了必要的合理的知识结构以外,还需要两个重要的条件,即素质与创造力。

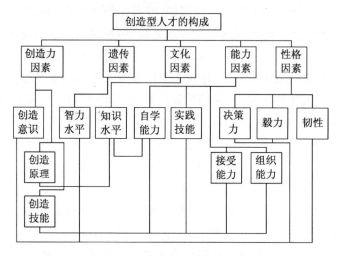

图3-4 创造型人才的构成

智力比知识更重要,素质比智力更重要,而创造力比素质更重要。才智是基本条件,素质是重要条件,创造力是决定条件。这里的才智,指智力水平、知识水平、自学能力、接受能力、组织能力与实践技能。这里的素质,指决策力、毅力与韧性。

笔者曾遇到过一位女大学生,本科刚毕业不久,仅仅因为一次工作结果不理想,受到了领导的并不是很重的批评,就自杀了。这样的心理素质,怎么能干成大事呢? 爱迪生小时候虽然说是弱智儿童,有一次他妈妈找他,发现他坐在鸡蛋上面,一心想孵小鸡。听起来这是一个笑话,但也可以看出他有强烈的好奇心和执着的探索精神。而这种好奇与执着,却是创造型人才所必需的。当然创造的型人才的决定性因素还是创造力因素。

第四章
高校图书馆服务于竞争情报工作

第一节　竞争力的定义

无论是社会主义市场经济还是资本主义市场经济,自然而然都存在竞争。有竞争才有活力,才会拿出自己的所有力量去进行搏斗。自然界中的搏斗是关乎生死存亡的,市场经济的搏斗既有机遇的一面,也有残酷无情的一面。搏斗以后所存在的是最有活力的,或者说是最有竞争力的。

所以竞争力可以这样定义:在社会主义市场经济体系中,同行业的不同企业之间存在合法竞争,竞争力是本企业在人才、设备、资料、管理中的综合实力。

20世纪60年代,北京高校图书馆的藏书少于北京图书馆,但多于所有其他大学的图书馆。单就藏书这一项,北京高校图书馆就是厉害的角色,无怪乎他们的图书馆能搞大学排名,能召开全国性的图书馆会议,能提出哪些杂志是国家的核心杂志,它有这个实力。这个实力是从哪里来的?当然,不单是图书馆本身,它是综合性的,国家对北京大学与清华大学两所超级大学的投资是最多的,因而它们才有这么多资金去采购许多图书。在北京大学所有教授中,院士的数量是最多的高校之一,综合教学能力也是数一数二的。所以,竞争力不是单方面的,而是综合性因素叠加的结果。

第二节　竞争情报的服务概念

从广义上讲,竞争情报(Competitive Intelligence,CI)是以战胜竞争对手为目的,以调查、筛选、收容和交流为抓手的信息产品的制造过程。其主要工作内容是环境监测、市场警示、技术追踪、对象分析、方针制定、信息保护等。

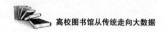

竞争情报业务是指搜集本国、本地区或本企业所需的各种竞争情报源头,并对信息筛选加工,以去粗取精、去伪存真,形成条理化、概念化的用户乐意接受的形式,使之标准化的情报产品的服务过程,可提高企业竞争力服务(见图4-1)。

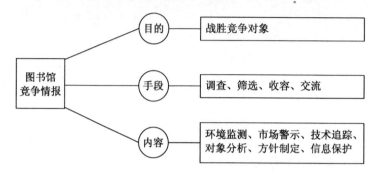

图4-1 图书馆竞争情报的任务

在此服务过程中,建立和发展自己的客户群,以数据库、论文索引、研究报告、专用软件等形式,经常与客户进行沟通。

第三节 高校图书馆竞争情报服务的优势与劣势

高校图书馆的优势不少,包括人才、资金、设备、信息等。这里着重讨论用户群、信息公正、成本价格、政策及网络支持五个方面。

一、高校图书馆竞争情报服务的优势

(一) 用户群优势

高校图书馆是高校的重要部门,是文字与数字信息的主要来源基地。其信息来源丰富,教育、教学、研究人员每年可以接受大量的教育、产品与学术研究任务。随着学校规模的扩大及招生人数的增多,教师和学员形成一个日益发展的客户群体,是自然形成的竞争信息客户群。图书馆与师生之间形成密切诚信的关系。另外,高校图书馆常常联系外校、其他地区客户,并因此在校外不断提高知名度,彼此团结、合作、互相促进。在校外客户队伍中,甚至还具有前瞻性的竞争情报客户。这些情况都为高校图书馆开展 CI 业务提供了优良的信息氛围,这样,地区与行业也就成了高校 CI 业务的具有前瞻性的客户群(见图4-2)。

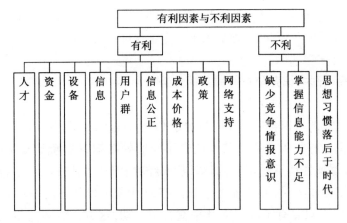

图 4-2 高校图书馆 CI 业务的有利因素与不利因素

（二）信息公正优势

常言道，"当局者迷，旁观者清。"高校图书馆既不是竞争的甲方，也不是竞争的乙方，而是没有直接利害关系的第三方。因此，不带有色眼镜，没有主观成分，其科学性、精确性、客观性、公正性是毋庸置疑的。这是相对于诸如行业情报机构的一大优势。

（三）成本价格优势

高校图书馆开展 CI 业务具有性价比优势。前面说到，高校图书馆不需要额外投入，就可以迅速开展 CI 业务，服务对象多、服务效率高，因而性价比高。相对而言，行业需要额外投入，成本必然高，性价比必然低。而专业情报机构，一切费用都要计入成本，因此服务价格就必然高，从而性价比也必然低。对用户来讲，高校图书馆的低成本强势具有很大的亲和力。

（四）政策优势

正如以上所说的状况，高校图书馆的决策者和各级、各类操作者目前已经感觉到开展 CI 业务的重要性，甚而感觉到，唯有挖掘和重组资源才是和谐发展图书馆的正确道路。因此，其政策倾斜性日渐明显，从而加大了有关人才、设备和其他资源的投入，这是重要的政策优势。

（五）网络支持优势

目前高校不断进行网络建设，而图书馆网络建设是重点投资项目之一。图书馆不但有局域网，而且连接到因特网，这就使得全国，甚至全球图书馆之间的网络通信做到高速化、通畅化。各图书馆之间迅速建立起合作，且优势与日俱增。由本地区之间的馆际合作发展为省部级、地区级的资源互补，从而使得 CI 的业务档次跃升到一个新的高度。合作方式不再仅仅是客户本人跨馆

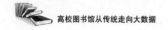

借阅所需资料,而是可以利用因特网随时随地传递文献、复制信息,使图书馆"馆藏"扩大了很多倍,间接地扩大了合作企业可收集的信息范围。

二、高校图书馆竞争情报服务的劣势

(一)CI 业务意识淡薄

不仅高校图书馆普通工作人员对于 CI 业务意识淡薄,就连各级领导对 CI 业务的意识也有很大差距。其本质在于我们处在知识更新与知识爆炸的时代,信息量爆炸性地不断积累,旧知识、旧经验、旧观念往往跟不上,需要培训高校图书馆工作人员的 CI 业务意识。甚或有人认为公办高等教育是"铁饭碗""太师椅",只要有了学生入学率就有了一切,这方面竞争情报没有作为。搞好竞争情报,可提高高等院校的教学研究质量与知名度,反过来则必然会提高学生入学率。

(二)掌握信息的能力不足

CI 业务是一种高智商服务,竞争情报工作者需要有决策能力、判断能力、创新能力。因此,它是集高技术、高智慧、高知识密集度于一体的一项工作,其计算机技术的熟练掌握、外语的流利程度、情报资料的阅读与处理水平、人际公共关系的沟通都是至关重要的,这些都需要培训与提高。

(三)习惯思想大大落后于时代

图书馆习惯于为读者提供无偿的图书借阅服务。而这种图书借阅服务,是按照图书的数量呈算术级数增加的,而网络时代的信息量是呈几何级数上升的,习惯思想大大落后于时代,仍停留在计划经济的旧协作关系上,于是对改革开放新形势下的有偿服务认识不足,因此需要纠正这种思想偏向。这些优势与劣势,或者说有利因素与不利因素,参见图 4-2。

三、在增强竞争情报重要性再教育中加以扩展

竞争情报重要性要在工作人员再教育中加以扩展,说明数字时代是图书馆开展 CI 业务的顺境。图书馆应跳上机遇的列车,对高校领导干部、教师和学员在进行竞争情报重要性再教育中加以扩展,扎根于重视竞争情报理念,自觉运用竞争信息。可以把校外专家请进来,校内专家送出去,加强竞争情报的合作与交流。图书馆自身也要对工作人员进行情报业务再教育,培养更多的情报分析员(见图 4-3)。

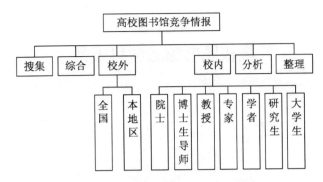

图 4-3　高校图书馆服务于竞争情报

第四节　对高校图书馆开展竞争情报服务的前瞻性

一、加强竞争情报重要性的业务再教育

（1）通过引进或自我培训，建立健全专业 CI 业务队伍。

（2）在知识不断更新的现状下，要深入钻研、自我再教育、持之以恒地提高。

（3）从制度上监督与保证人才队伍的巩固与扩大。

（4）与外地区、各行业、外校联系，互通有无，增加性价比。

二、建立健全现代化的数据库

为了提高 CI 业务的效率，要求有大量的数据信息作为后盾。高校图书馆应该顺应客户的需求随机存取数字信息库；并不断健全现代化的数据库；利用因特网，进行校—校、校—企、校—地区合作，实行合作共赢，使竞争情报信息来源丰富多彩。

三、随时开拓与创新服务手段

深入挖掘因特网资源，更新图书馆经典式的运营形式；建立健全电子索引体系，利用微信、微博、校—校、校—企、校—地区联机检索、光盘检索、BBS 电子公告等数字信息处理联络形式，利用信息高速公路拓宽渠道，时时、处处、事事为客户对象服务，并随时开拓与创新。

可见，经探讨后，对于图书馆竞争情报业务而言，加强竞争情报重要性的业务再教育，改进竞争情报业务人员的知识结构，建立健全现代化的数据库，以及多行业、多地区、多方式服务之后，高校图书馆开展 CI 业务必有更开阔的前瞻性。

第五章
高校图书馆的学科服务

第一节　高校图书馆的学科服务概述

一、学科服务的含义

学科服务的概念是在 20 世纪末传到我国的,这个概念本身也经过了一个变化与发展的过程。它的目的不变,但内容与形式在不断地充实与完善。早先的图书馆是等着上门的,或者说是等米下锅的;而且也是通用型的,或者说是满天下雨的。而这种经典的形式越来越跟不上形势了,读者的大量需要与图书馆的冷清形成了鲜明对照。

因此,图书馆需要另找出路,这样学科服务这种形式也就应运而生了。等米下锅是被动的,是让读者上门来找,过去一直是这样做的,因为那个时候不来不行,所需要的重要资料全在图书馆里。现在情况不同了,读者在家里上网就可以找到很多东西,查百度、查搜狗问问成了很多读者的新习惯。图书馆这个主体,要想尽办法去满足客体的需要,才有继续存在的必要。

高校图书馆要想服务得好,首先要了解客体(或客户)究竟需要什么。高校是服务于教学和研究的,老师是客户的主要代表,要满足老师教学与研究的需要,首先要考虑学科性,不同的学科是对老师的基本区分。学科性又是以专业进行实质区分的,因此随之而来的就是专业性。只有学科性与专业性考虑对了,才能发挥物理资料与电子资料的最大作用。反映出他们的真正价值来,才能确切地找到自然科学与社会科学的本质规律。

现在这个信息爆炸的时代,知识更新速度非常之快,上个月还是有用的东西,这个月就会变得可有可无,甚至根本无用。比如计算机语言,更换了很多种,过去的 BASIC、FORTRAN 很快都被淘汰了,如今又出现了 C++与 Java,虽说不是朝生暮死,但确实是千变万化。五年前出版的计算机类图书,现在有用的不到一半。因此,要考虑知识的即时性或适时性。另外,对于老师来说,隔行如隔山,对甲老师有用的东西,对乙老师可能就没有用,因此,还要考虑个体化。对于某一位老师而言,随着知识的积累与经验的丰富,教育与研究越来越深入,所以,深层化是另外一个特征。总之,高校图书馆的学科服务具有学科性、专业性、即时性、深层化,做到这些,也就达到个性化服务的目的了。于是,有学科化的知识性服务、学科化的信息服务与学科化的个性服务种种提法。

如果要下一个定义,所谓图书馆的学科服务是指:以图书馆为主体,以老师为主要客体,以物理资料与电子资料为载体,提供学科性、专业性、即时性与深层化的个性化服务。其流程如图 5-1 所示。

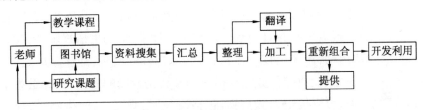

图 5-1　图书馆学科服务的流程

二、学科服务的特征

学科服务是带有明确的研究与教学的目的进行。根据教学的课程与研究的课题,由图书馆组织人员进行资料的搜集汇总、整理、翻译、加工、重新组合、充分发挥、开发利用。这样,信息服务从粗放型变成精细型,学科性、专业性、即时性与深层化得到充分发挥。

学科服务的特征包括以下几个方面(见图 5-2)。

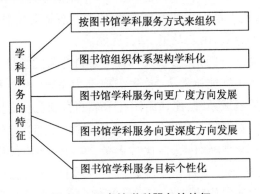

图 5-2　图书馆学科服务的特征

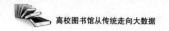

（一）按图书馆学科服务方式来组织

过去的图书馆，一般是按图书期刊流来进行的。即一批新的图书与期刊到馆之后，组织大家学习与使用。现在按学科化来组织，情况就不一样了。教师提出自己的研究课题，根据这个课题在馆内、馆外寻找文献资料，把这些文献资料集中起来，先编辑成目录索引。如果是外文资料，由图书馆牵头，先搞出资料索引，再组织图书馆的馆员及外语系老师负责外语部分的翻译，让各系的专业老师进行技术性的校对。或者让各系的专业老师进行翻译，由外语系老师进行语法方面的校对。

（二）图书馆组织体系架构学科化

过去图书馆一般习惯于分为流通、采购、阅览、编目、典藏五大部分，各干各的，互不干扰，或者说是各自为政。现在不一样了，搞图书情报服务，就要全馆一盘棋，一律出动，甚至全校一盘棋，共同承担资料搜集、翻译、分析、归类、编辑、装订、提供索引、典藏任务。这样一种架构是全新的形式，目标是为了拿下研究课题任务，可以集中人、财、物，包括决策层、研究层、网络层、物理资料层，而这些网络的物理资料及电子资料又由供给者、使用者、供给渠道、供给形式、供给内容所组成。

（三）图书馆学科服务向更广度方向发展

学科服务过去往往仅限于图书与期刊的借阅，现在不一样了，有了电子公告栏、读书报告会、电子邮箱交流、博客交流、论坛、手机网上交流等更广泛、更普遍的新形式，并发展了新形势下的新内容。

（四）图书馆学科服务向更深度方向发展

学科服务向更深度方向发展，也就是说，不是简单地发放图书资料或信息光盘到客户手上，也不是纯粹地开展馆际互借。而是对信息要进行进一步加工，去粗取精、去伪存真、由表及里、切合课题。

学科服务还要求分门别类，联系各种与学科有关的学科知识，并将各类知识系统化。例如人工智能机器人，首先需要动力系统，或用无线电电源，或用有线电电源。需要机械系统，比如用作各关节的自动头。需要神经系统，比如电脑与事先存放的指令信息程序。需要传感系统，比如光电传感器代替眼睛，声电传感器代替耳朵，味觉传感器代替舌头，嗅觉传感器代替鼻子，温度传感器控制体温，湿度传感器了解环境湿度，还可以用特殊树脂代替皮肤，用精密机床加工的不锈钢四肢代替骨头，等等。将这些信息整合以后，发布在校园网或因特网上。

（五）图书馆学科服务目标个性化

学科目标要盯住高校教师的研究课题。不是大家围绕在图书馆周围的旧工作方式，而是围绕在有研究课题的老师周围的新的工作方式。中心位置从图书馆向教师转移。图书馆馆员要到各系去走一走，了解教学与研究工作第一线的需要。要想教师课题所想，急教师课题所急。根据教师课题研究的进展情况，不断地开拓图书馆工作的新思路与新途径。

三、高校图书馆的学科服务

世界万物总是在波浪式地前进，螺旋式地向前发展。人们对学科服务的认识也是随着学科服务的向前发展而发展的。虽然对学科服务的认知众说纷纭，但是随着时代的前进和环境的不断变迁，人们的认识也在不断地深入，从而学科服务也不断走向深层化。高等学校的学科服务主要为教学与科研服务，其服务内容主要表现在课题的确定与对口服务、学科专题数据库的资源建设、建设图书馆学科服务平台与图书馆学科信息服务团队化四个基本内容（见图5-3）。

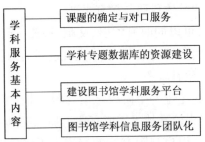

图 5-3　图书馆学科服务基本内容

（一）课题的确定与对口服务

一般课题的立项由教师或政府有关部门提出，经过负责人写出并发表课题设计报告，专家鉴定，有关领导批准之后立项。课题立项之后，图书馆就有了"定点服务"与"跟踪服务"，或称"对口服务"。图书馆开始系统地对有关课题的信息进行大量的搜集，去粗取精地筛选，集零为整地整理，并将整理好的信息定期或不定期地提供给教师，尽可能满足用户对信息的需求。对口服务是一种最基础的服务。课题负责人按照图书馆的要求，填写对口服务委托书或科技查询的合同，并向图书馆介绍此课题的需要度，与目前国内外有关的研究状况，课题所达目的，所需的环境、设备、资金、材料、人员构成、生产接受单位、如何移交生产及产品需求程度等。根据课题负责人的介绍，图书馆确定检

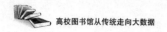

索信息时间、文献类型、语种及地域，进而选定有关的兄弟院校及有关的图书馆和有关地区的图书馆，确定查询工具及有关数据库，制定检索步骤及方法，提供检索到的文献资料，组织索引及翻译校对工作，并将有关资料分课题类别整理归纳，进入库存档案。

（二）学科专题数据库的资料建设

专题研究是课题研究的组成部分，一个课题是分成若干个专题研究进行的，也可以研究专题看成是研究课题的一个分支或一个阶段。一个研究课题可以由几个人按专题研究的顺序进行，也可以将课题研究人员每个人做一两个专题同时进行或先后进行。数据库按学科分类，学科按研究课题分类，而研究课题按研究专题分类。也就是说，数据库中有特定地区、行业、专业、课题、专题。这样的组织方法可以使用户很快查询到有关的文献资料及本地区的各种资料之间的联系。通过这样的分类，可以更有效地将教学人员、科研人员、教辅人员、行政人员进行及时的整合。将软件与硬件配套，将网络虚构资源与馆藏实体资源有机地结合起来。这种结合是动态的、变化的、及时的，是随着教育的发展与科技的发展而增强的。这样，可以进一步提高教学与科研水平，从而提高国家与民族的整体科研与教育水平。

至于资料的形式，可以同时有索引、文献、摘要、译文、专利、专题报告、图书及刊物等一系列的实用的检索形式，来表现进展的内容。

（三）建设图书馆学科服务平台

当学科服务的发展经过一个阶段之后，高校图书馆的学科服务平台建设也就提到日程上来，因为信息技术需要有这个加工工具，用户与图书馆两个方面都有这个需求。它是用户与图书馆的交流专用信息平台。利用网络、信息与计算机技术，智能化地精心组织与加工信息，有针对性地为用户服务，是图书馆为高校教师的教育及科研服务的重要手段。图书馆服务平台目前有 Lib-Guides（图书馆导向）平台和信息门户（Information Door）平台。

2007 年美国 Spring Share（春天的分享）公司开发的 Lib-Guides 软件，采用 Web 2.0 技术，内容涵盖了阅读、检索、标签、分类、服务咨询、用户评论、信息评价等，是一个教师、学生、图书馆馆员、技术人员、教辅人员共享的知识平台，可以用于学校的科研导引、科研开发、科研管理、科研研究、生产指导，定期查阅核心期刊、科研论文写作技术、科研文献管理、科研文献使用等原先杂乱无章地分散在各处的栏目信息。

学科信息门户（Information Door）平台则按照该学科的研究课题与研究专题的要求，组织网络信息资源，其专业性更强，知识内容更切合实际，信息筛选更目标化,信息导航更为明确。

（四）图书馆学科信息服务团队化

现在的科研,一方面学科的分工越来越细,另一方面研究项目的涉及面越来越广。一个研究项目往往不是一两个人就能顺利地完成的,需要组织一个目标团队。图书馆馆员与用户的协作本身就是一个团队,再加上校内外的协作和地区内外的协作,范围变得更加广泛。所以,馆内外、校内外、地区内外在一个共同的目标下,需要建立一个学科的协作团队。可以说,科研项目使学科服务针对性地实现了,而信息服务团队化使学科服务得以更高效地进行。

四、高校图书馆的学科服务模式

图书馆的学科服务模式是一步步向前发展的,开始只是建立学科的馆员服务,后来经过一系列的改进与完善,进入团队化的学科服务,再后来进入以教学科研为主的嵌入式学科服务,这样就将学科服务模式推广到一个新的高度,顺利地将学科服务的中心地位从图书馆移向了用户,同时点对点的学科服务也过渡到面对面的学科服务。这样来说,学科馆员模式是基础,学科分馆模式是深入推广,信息的学科服务模式是手段,嵌入式学科服务模式是宗旨。

（一）作为基础的学科馆员服务

图书馆的基础队伍是馆员,学科服务这一新的主要任务理所当然要由馆员来承担,因而学科服务就是图书馆馆员为主要承担者而量身定做的,给用户的一种对口服务。图书馆馆员是图书馆学科服务的核心力量,学科服务是以图书馆馆员与用户之间以知识资源作为桥梁的一种服务。这样,图书馆的简单的信息服务也就转变为较为复杂的知识服务。服务的主要形式为图书馆馆员与用户之间的联络沟通、用户的查询资源的培训、用户的参考咨询、图书馆馆员深入参与学科资源建设等。由于资源的来源方式智能化、电子化、信息化、网络化,而资源的来源又具有综合性、多层面性、深入性与复杂性,因此他们所需的服务也从普通级向专家级过渡。

（二）模式向学科分馆发展

没有重点就没有政策。随着学科服务的深入化,学科、专业、知识层次越来越复杂化,图书馆需要保证重点,兼顾一般。欧美国家首先开始采取学科分馆模式。分馆分为一级、二级、三级,一级为学科服务,二级为专业性服务,三级为研究方向。

这种三级分馆的方法也融入了教学课程体系,这样分层次便于进行调配组织和图书馆的馆员力量,提供检索、取舍、加工、综合和实际利用。资料的收

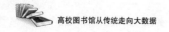

藏也以分馆为核心,此方法在我国已经用于北京大学等图书馆。

（三）门户式学科信息服务模式

门户式学科信息服务模式是在数字信息服务环境下形成的,它将学科领域的信息资源、信息的使用工具及信息的综合集成归结于一个模块,使用户更加方便地进行信息检索与对口服务。门户式学科信息服务分为综合性、多门性与单门性等几种,用户在其中可以进行学术性或知识性的讨论与交流。

在这里,可以有学科信息发布、学科信息导航、学科信息检索、学科信息咨询、学科论坛、学科信息反馈、学科信息推送等多功能服务形式。

（四）学科服务的嵌入式模式

学科服务的嵌入式模式,即所谓"门户对门户"或"门对门"的学科服务,这种嵌入可以说是从始至终、从头到尾的学科服务。

在学科服务的嵌入式之初,首先要了解各院系的教学安排。也就是说,从教务处的教学计划表开始,就要访问各系主任,看什么是重点教学内容。要参加各系部的教学讨论会与科研安排会,要与系里有重点科研任务的老师和有重点教学任务的老师多接触、多交流、多了解、多沟通,深入地、全面地了解老师在这些科研任务与教学任务方面的资源需求。

另外,要根据科研与教学任务方面的进展情况,动态地、有目的地搜集有关信息,同时也听取读者的反馈信息。学科馆员要参加对科研的立项讨论,学术跟踪有关科研的重点难点解决情况及有关资源的及时提供,研究课题及研究专题的每一项成果都要及时归档。

学科馆员有时就是学科团队成员,对课题的策划、课题的立项、课题的内容分析与见解、论文发表前的讨论、成果评价的专家意见方面,都要有嵌入式服务。这些是进入深层次的学科服务必不可少的过程,也是提高图书馆馆员水平的一个重要方面。

第二节 当前高校图书馆的学科服务状况

一、国外高校图书馆的学科服务状况

（一）国外高校图书馆的学科馆员职责

美国康奈尔大学的学科馆员,首先要了解馆藏资源及院系文献的分布和本学科的发展前景,根据资源与发展前景及所拨经费制订本学期的书刊采购计划。任何一个馆员都参与参考咨询,特别是对口学科服务的深层化咨询,图书馆编写了学科指南,指南中叙述了该学科的主要文献参考资料及其如何在

研究中使用,并讲解了图书馆在学科服务中的主要工作,给予用户各学科服务馆员的联系方式,在学科服务中,解答用户有关的各种问题。学科馆员与教师共同承担了有关学科的教学培训,共同授课,共同举办讲座,共同迎新。学科馆员参加院系会议,举办教师午餐会,参与举办院系咨询平台,以及在校园网建立学科网页链接。

英国约克大学把学科服务的团队进行细分,建立了三种学科团队,即学科联系团队、教学及学习团队与科研支撑团队。在学科联系团队方面,它成为院系与图书馆之间的联系纽带,负责信息培训、解答咨询、接受读者反馈意见,并以此对学科服务效果进行评估,进行学科资源导航及馆藏资源建设等。在教学及学习团队方面,给教学与学习提供支撑,进行嵌入式教学服务,进行一对一的对口服务,用 HTML 教学软件,在建立教学数据库的同时,还通过谷歌平台进行远程教学。在用户出现问题时,提供有针对性的信息指导,根据用户需求,获取解决方法。在科研支撑团队方面,从研究立项到研究过程,自始至终进行开放式学科服务,培养与培训用户的版权意识,研究数据的过程管理,对文献资料及时提供服务及在研究过程中进行各种培训。

新加坡南洋理工大学每个学科馆员联系与服务于一个专业,比如计算机科学、设计与媒体学、英语文学、经济学、艺术类等。实行"双角色"制度,即除了当某一个学科的专业馆员外,还要兼职采编、学术交流讨论、宣传和数据化处理等工作。

在校园网中的学科管理栏目,还明确地将馆员的个人照片与履历、联系的学科名称、联系方式、主要工作职责、联系网站、主要学科研究成果列表公布。

(二)富有特色的图书馆学科馆员制度

美国康奈尔大学,按实际上的工作决定学科馆员的称呼,这样称呼就不随着馆员的实际分工而变化。例如,图书馆负责物理与天文学科的馆员称为物理与天文馆员,而负责化学部分的就称为化学馆员了。其他如参与培训的称为培训引导馆员,参与资源建设时称为书本选择馆员。每年年终,对于在学科馆员工作方面做得好的还给予奖励。

英国约克大学不在馆员名称上下功夫,而是着重于培养他们的素养与工作能力。在教学与科研各方面进行多种多样的培训,并且非常注重理论与实际的结合,非常注重实效。他们的培训分三类,第一类为校内培训,邀请校内专家到图书馆来授课,图书馆馆员参加院系讨论与培训;第二类是根据馆员的学科细分,到有关的学科部门去实际锻炼并学以致用,增强素养与能力;第三类为校外培训,利用校外资源,根据同类院校的强项,提升本校图书馆馆员的

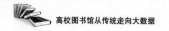

人才资源。

新加坡南洋理工大学,从程式上制造出"南洋理工大学学科馆员框架",明确地对图书馆学科馆员提出进行对口服务时的要求。该要求是:本人所具有的学历知识水平,在学科服务方面的期望水平,如何作为绩效评审时的参考,如何自我评估。并把评估水平分成四个等级。第一级为初始级,即是什么与如何做? 第二级为普通级,即有什么能力与怎样做? 第三级为熟练级,即能够熟悉自如地、精确地运行图书馆的学科服务工作。第四级为专家级,已经成为学科服务方面的专家权威。一旦学科服务方面的任务下达,立即根据教学与科研方面的轻重缓急的需要,派出人选,就可以最大限度地在学科服务方面发挥人才与人力的积极作用。

(三)学科馆员服务工作案例

美国康奈尔大学要求图书馆学科馆员要在科研进行的每一个阶段,都做出全过程、全周期的服务,包括开源语义和本体结构的 Web 工具支持、学术出版需求方面的支持及数据监管方面的支持。康奈尔大学的图书馆的数字化工作是很细腻的,从建立电子馆藏,到纸本馆藏的数字化处理,再到学科数字化馆藏的建立。

英国约克大学在嵌入式学科服务上狠下功夫,侧重对学生写作能力的培养提供在线教学,有在线视频辅导,有写作周活动,还有针对硕士生与博士生的专门的培训体系。建立了网上面向教学的教学支援体系,并根据用户的反馈信息,适时制定解决方案。

新加坡南洋理工大学的特点是开发了数字化成果储存和数字化交流知识库。

二、国内高校图书馆的学科服务状况

(一)国内高校图书馆的学科馆员职责

中国人民高校图书馆对学科馆员有六种明确职责,即学科联络、学科资源宣传、学科资源建设、学科信息导航、学科动态跟踪与学科用户培训。既有分工,又有合作,即分工而不分家,根据情况进行日常分工,又根据情况进行联系合作。在分工之中,根据个人的专业知识与特长能力在日常的学科联络中具有不同的角色,如培训所用幻灯片,有制作的、有讲解的、有宣传的、有联络的,有专职拍摄的,也有负责学科信息导航的。

上海交通高校图书馆的学科馆员服务主要设置三个学科,即人文社会科学、工科学与医农理科学。对于基础部分进行综合服务以兼顾各个学科,承担学科服务内容为需求进行调研、院系联络、参考咨询及用户培训等。

（二）国内高校图书馆的学科馆员制度

中国人民大学在这方面做得比较详细。其一为《中国人民高校图书馆学科实施方案》中明确了工作模式、学科馆员启用条件、工作职责及学科馆员评审考核办法。其二是建立学科馆员档案,记录馆员日常工作及用户信息反馈。其三为提供一定资金设备支持学科馆员服务。其四是学科馆员参加学科工作研究讨论会、交流会、QQ网上交流群、微信群等。其五是在校内外、馆内外定期对学科馆员提供学科专业培训。

上海交通大学制定了《学科服务中长期规划》,规划中涉及学科服务的内涵、背景及意义;学科服务目标及近期远期任务;学科服务的组织安排、政策框架、队伍建设及管理办法等。还建立了读者用户—专家—馆员的互动方式。

（三）国内外高校图书馆的学科服务活动的比较

国内外高校图书馆的学科服务职责的对比见图5-4。

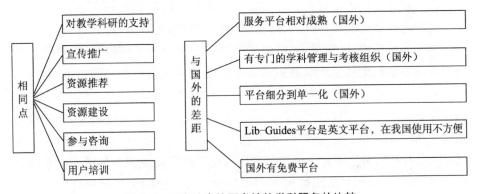

图5-4　国内外高校图书馆的学科服务的比较

在教学科研支持、宣传推广、资源推荐、资源建设、参考咨询与用户培训等方面,国内外高校图书馆的学科服务方式大体相同。所不同的是,国外高校图书馆的学科服务更强调对科研与教学的支持,而国内高校图书馆的学科服务更注重学科资源服务比评估分析。国外高校图书馆的学科服务平台相对成熟,而国内高校图书馆的学科服务尚无太多的服务平台支撑。国外高校图书馆的学科服务设有专门的学科考核管理组织,而国内高校图书馆的学科服务尚是兼顾式管理。国外高校图书馆的学科服务平台已经做到单一化,而国内高校图书馆的学科服务是各科兼顾。

由于Lib-Guides平台来自国外,当然也是英文版的,因此在国内使用不太方便。

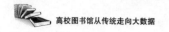

另外，国外高校图书馆的学科服务分付费与免费两种，免费的那一部分对全体教师开放。国内高校图书馆的学科服务没有免费平台，只限于本机构内部开放。

总的来讲，相比于国外，我们还有不少差距，需要迎头赶上。

第三节　针对学科服务进行资源建设

一、关于当前图书馆学科服务的现状

在第二次世界大战之前，美国购书主要是院系教师为主导，之后过渡到以图书馆学科馆员为主导，图书馆学科馆员提出对图书馆学科建设所需要的图书资料，资料库的馆藏建设也由图书馆的馆员根据学科分类进行。图书馆的经费为每个学科单独分配账号。学科馆员制定馆藏的发展策略，并在充分了解学科发展状况之后提出学科的文献资料需求，在此基础上与图书供应商建立合作关系并定期评估这种合作关系。在学科发展变化过程之中，定期在各学科之间进行学术交流。进入、退出、库藏与剔除也在此进行。

由于信息技术、网络技术、资源品种及用户需求的不断变化，学科服务的内容也在不断地更新。从以最初的馆藏建设为主到以专业与用户为主，国内的学科建设也有一个变化与发展的过程。与国外一样，国内由以资源建设为阅览与典藏服务，变为以学科建设带动阅览与典藏。在学科建设与学科服务之间逐渐出现新的矛盾，搞学科资源建设的与搞学科院系联系的是两股道，两部分人。这样的分工不但不利于培养既通晓学科资源建设又知道与院系联系的学科服务专家，而且造成忙闲不均与协调不好。厦门大学将学科馆藏建设馆员与学科服务馆员归一化管理。这样学科服务馆员既负责文献采访与调研，又联络院系，同时也做咨询与培训，包括学科的馆藏文献建设。

二、印刷型学科服务资源与数字型学科服务资源

印刷型学科资源又称传统型学科资源，中华文化有记载的就有五千年了。载体从甲骨、钟鼎、皮毛、绢到纸，文字从甲骨文、钟鼎文、魏碑，到篆、隶、楷、行、草，再到简化字、拼音字，都属于这个体系。

网络化、计算机化、信息化下的电子文字信息，是另外一类信息。这一类文字信息虽然是后起之秀，但是发展迅猛，且信息文字传播速度远大于传统文字信息的传播速度。虽然曾经有人提过无纸化办公，但由于断电、死机等现象的存在，至今无法完全实现。当前，两种文字信息同时存在，也可以说是平分

天下。

传统型学科资源的优点在于,保存与发扬悠久的文化传承。一旦购买了它,可以长期保存,随取随用,同时有收藏价值,比如书法绘画作品。这是电子信息无法完全替代的。

传统型学科资源还有一个优点,就是便于人们延续读书的习惯,特别适合推广全民阅读。在国外的机场、公共汽车、火车站,常常可以看到日本人、德国人、以色列人……在看书。国内的图书馆与新华书店,现在也在推出了阅读空间,这就是全民阅读的一种推广形式。

数字型学科资源受软件硬件设备条件的制约,停电、死机、软件坏、硬件不灵等常会影响阅读,而传统阅读任何时间、任何场合、任何地点,只要有图书,都可以进行。在真实可靠性方面,传统阅读也具有独特的优势。因为每出版一种图书,都要经过真实性、法律性、道德性、科学性及知识产权的审查,比较安全可靠。

数字型学科资源,目前包括电子书本阅读、电子期刊阅读、网页、多媒体与数据库等形式。它的优点是储存数量巨大,一张光盘可以储存 3 亿文字,比如 20 万字一本的书可以储存 1 500 本。其品种类别十分丰富,分磁介质载体与光介质载体两种,比如光盘、U 盘、移动硬盘、磁鼓、磁带等。

电子信息交流快捷,从手机用 QQ 或微信下载到计算机,在计算机上接入 U 盘、光盘或移动硬盘,从而接入电视机。

但电子信息载体也有缺点,最大的缺点就是保存时间不长。无论是 U 盘、光盘还是移动硬盘,其寿命也就 10~30 年,而宣纸可以保存 1 000~2 000 年,绢可以保存 3 000 年。所以,传统资源信息与电子资源信息,最可靠的方式是两者同时保存。

第四节　针对科研、教学与学习的学科服务

一、针对科研的学科服务

恩格斯说:"劳动创造了人。"过去的理解是这句话主要说的是劳动,其实是误解。因为动物也会劳动,如果只是会劳动的动物,永远也不可能进化为人类。之所以进化为人类,是因为有一部分特别聪明的动物学会了创造。而人类社会是靠创造和科研才向前发展的。因而,摆在高校面前的一个义不容辞的责任就是搞科研。

高校图书馆学科服务的分类如图 5-5 所示。

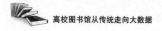

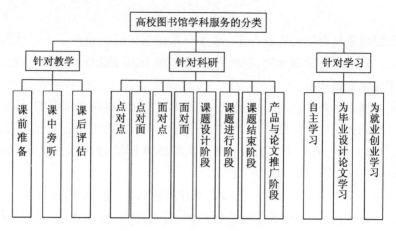

图 5-5　高校图书馆学科服务的分类

（一）虚构科研环境

科研人员在科研项目之初,一定要了解该项目在世界范围内的进展情况。这样做有三个原因。其一是不做重复劳动,以免浪费数量有限的高端人才与高端设备资源。其二是对正在进行的研究项目进行互通,取长补短,它山之石可以攻玉。其三是创造一个同类项目的人员组织起来的机会,因为集中的力量比分散的要强,只有组织起来才会使社会的发展更为迅速。

根据网络信息时代的特点,英国人于 2000 年提出要有一个有利于科研的虚拟环境,使分散于各地的科研工作者对各类科研的进展情况有所了解,特别是各自正在进行的科研的状况。于是提出了 E-Science 概念,这里的 E 代表环境,Science 代表科学。

（二）以嵌入科研作为学科服务的目的

所谓"不达目的决不罢休"。办任何事,一定要有计划、有目的。学科服务的目的无非是三个方面,即科研、教学与学习。而科研作为学科服务的目的之一,这是十分明确的。要达到此目的,首先要选取一个合适的科研团队。第一步就是要找科研实力强、经验十分丰富、资源信息需要量大的团队,嵌入进去,作为学科服务的主要团队。参与该团队以后,不断地了解与跟踪,进行资源建设、数据库培训、总结科研进展的资料文献,适时发出科研通报,不断地促进科研进展,直到科研顺利完成。

（三）针对科研的学科服务主要内容

从服务方式上可以采取点对点、点对面、面对点、面对面等多种形式。所谓点对点的形式,即学科团队的个人,主要联系科研团队的主要负责人,给他提供资料、论文索引、译丛,甚至组织出作品集。点对面的方式,即学科成员针对某一科研团队,除了联系主要负责人外,也联系科研团队内的其他成员。面对点的方式,即在科研进展的关节点上,组织一个学科团队,共同动手进行协助,以促进攻关,使科研重大步骤顺利进行。面对面的方式,即学科团队与科研团队多人互动,相互配合,使科研一步步地向胜利进军。

科研课题的研究,一般分课题设计方案阶段、课题进展阶段、课题结项阶段、产品推广阶段四个阶段。

在课题设计方案阶段,需要查阅大量有关科研课题的档案、图书、论文、软硬件信息。此时学科服务就提供帮助,比如如何查询资源,甚至直接提供资源,也提供国内外同类项目的研究者,以便寻找可能的合作伙伴。

在课题进展阶段,不断地了解国内外同类科研项目的新进展、新动态,整理科研数据存档,并进行有关的培训指导。

在课题结项阶段,邀请有关专家鉴定,协助撰写课题研究报告、工艺研究报告、使用单位报告、产品稳定性可靠性报告、产品模拟工作情况报告,产品研制中各类专门报告入档工作、数字化工作、入库工作等。

在产品推广阶段,要跟踪产品推广的有关工厂,在生产中出现情况的记载,论文发表后的影响,以及论文的被引用情况,并将这些有关材料存入数据库。

二、针对教学的学科服务

学校的重要工作是教学,学生见面最多的是老师。大学老师虽然有科研任务,但是与研究所的研究人员还是有区别的。研究所的主要任务是搞科研,大学虽然也搞科研,但老师的大部分时间还是用在教学上。教学是大学工作的基础,教学中的每一个学科由几十种课程组成,类别分为基础课、专业基础课与专业课。图书馆针对教学的学科服务,就是要无缝对接,把图书馆的馆藏资源与知识资源在这里用于学科教学任务。

(一) 根据课程类别调配学科馆员

基础课也有细分。有的是全校共性基础课,比如毛泽东思想、邓小平理论、德育教育、基础英语(听力、精读、写作、口语)等。有的是系属基础课,比如旅游管理、饭店管理、财务管理、物流管理、物业管理、行政管理等专业都需要学习管理学。这时如果要调配学科馆员应该尽量调配相近专业的,便于减少工作量与更快地熟悉业务。上面说的文科如此,理科也是这样,比如各物理专业的专业基础课程都相同,学生都要学习四大力学(热力学与统计物理、理论力学、量子力学、电动力学),而各专业之间仅仅是专业课不同。甚至有些专业

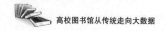

之间,部分专业课程也是相同的,比如半导体的各专业,如半导体材料专业、半导体物理专业、半导体器件专业,都要学习"半导体物理"课程。但是"晶体管原理"与"集成电路原理"这两门课仅有半导体物理专业与半导体器件专业的学生学习,而半导体材料专业的学生不学这个。反之,半导体材料专业学生学习的"半导体化学"课程,半导体物理专业与半导体器件专业的学生却不学。所以,若要调配学科馆员,事先必须在系科中对这些情况进行充分的了解。

（二）学科服务要嵌入课堂教学

学科馆员要进行课堂教学的学科服务实验,在学科服务开始就要与进行课堂教学的老师沟通。选择有经验的专业老师后,学科馆员与老师共同讨论教学大纲、教学计划,特别是教学课程安排表。讨论学生的学习状况,包括学习基础、学习水平、学习态度,与老师共同精心准备学习课件。在教学实行的过程中,每当教学关键的重点难点时刻来临,学科馆员也要现场参加。要从教学过程实践中,观察学生们对课程的理解状况与理解程度,根据学生的反馈了解还缺少哪些必备知识,作业难度及完成作业需要哪些辅助资料,讨论考核方式、考核难度及考核结果分析等。

课后评价体系也十分重要,根据学生的考核分析状况,加深对教学效果的了解程度,确定教学方式及教学计划需要哪些改进,以提高教学准入水平及学科服务水平。

（三）逐步建立电子教学及其远程教学平台

集中高校中教学效果好的老师,逐步建立电子教学及其远程教学平台。利用目前网络化、电子化、信息化的有效方法,以实现高校间的网络电子资源共享。目前由复旦大学牵头,国内有 52 所大学的图书馆参加了这种校园网络学科资源建设。这 52 所大学共同努力,精选同专业老师、精选教材、精选讲述方法、精选录音录像人才与设备,基本覆盖了文、理、工、医、农、林各专业所需的教学资源库,解决了教学资源共享问题与版权问题,已经共建书本资源 2 万余种,电子教学资源 4 万余种。

三、针对学习的学科服务

（一）自主学习阶段的学科服务

大学学习的重要特点就是自主学习。中小学阶段主要是学生向老师学习,课后仅复习书本知识与做作业。大学阶段十分强调自主学习,因此大学生一个学期所学的书本内容,比中小学学习期间所有的书本知识还要丰富。自主学习有两大部分:一部分是重点、难点的理解,主要是攻克一个"深"字,可以参考多种书刊,以求将重点、难点深刻地理解;另一部分是一般内容的阅读,主要是为了一个"广"字,以参考有关的书刊,将周围的尽可能的学习内容加以吸取。无论"深"与"广",都不要求将所选阅读书刊全部读完,而是摘取一部分有关章节或一个段落,直到解决问题为止,无关问题的部分略去不读。因而大学生的阅读必须去粗取精、去伪存真,这一点也是与中小学的学习方法完全不同的。

所以,大学生的学习既有个性化,又有泛在性。在学习过程中,学科馆员与大学生之间,以及大学生同学之间都有互动性。学习的载体可以是图书、期刊,也可以是计算机文献、手机文献、网络文献与数据库文献。图书馆可以把这些文献组织起来,搭建学生的学习平台,在平台中包括大学生的各个学习模块,使大学生阅读起来更加方便。

（二）毕业设计论文阶段的学科服务

学生在高校学习,大专 3 年,本科 4~5 年,有的还可能进入硕士研究生与博士研究生阶段。一般一、二年级为自主学习阶段（当然以后一直都会自主学习）,三年级开始进入专业课程的学习,同时也进入毕业设计论文阶段。此时的学科服务,从普及化的服务向专业化的服务过渡。

毕业设计论文是一种检验手段,它与一般的课程考试有着本质的区别。课程考试是单一的、传承的、理论性的,是对前人理论与经验的理解;而毕业设计是本专业的知识综合,好的毕业设计包含对本专业的前瞻与创新。所以,毕业设计是高等学校对大学生学习的一个综合性检验考核,体现了大学生对本专业知识的综合理解能力、对所思考的内容的调查研究能力、思维表达与写作能力,以及对于一切有关书本知识与数字化知识的分析利用能力,是为国家与社会培养高端人才的一个重要的检验。

毕业设计的选题,必然是当今现实社会中和学生在本专业中迫切需要解决的问题,所以需要大学生有一定的分析判断能力与社会实践能力。为了发现问题与解决问题,大学生必须对有关资料进行阅读思考,不断地将所学专业知识在解决毕业设计方案方面有所建树,而学科馆员可以在这方面提供帮助、咨询与培训。

高校大学生信息获取经验少,能力不足。学生在查阅信息时,开始往往习惯于纸质资料,不能用数据库检索信息,这时候学科馆员可以协助与培训。特别是外语资料,大学生更是不习惯于查询,而各专业的尖端情报资料往往都是外文的,更需要图书馆馆员协助其尽快找到所需的文献。

此外,大学生信息筛选能力不强,书刊资料与数字资料是一个浩瀚的知识

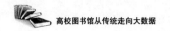

海洋,专业细分后绝大部分知识与该专业无关,与专业有关的也有不少是过时的、无用的信息。学科馆员要教会大学生剔除落后与重复的信息。当然,学科馆员要教育大学生在毕业设计阶段论文写作过程之中,应艰苦奋斗,不能弄虚作假,应注重知识产权等德育教育,不应该抄袭别人的成果。

(三)针对就业创业阶段的学科服务

就业创业这个问题本身就是十分复杂的,需要了解国家及地方政府当前的方针政策及本地区经济发展的状况,了解本地区人才市场的需求及本地区各有关企业的发展情况,还需要了解周围地区人才市场的需求及本校有关各专业与本地区人才市场需求之间的交汇点。在了解这种交汇点之后,还要考虑当前本校的各专业学生,哪些是迫切需要的,哪些是一般需要的,哪些是不满足需要的。

在充分了解情况之后,高校图书馆学科馆员就可以对大学生进行就业创业咨询、职业心理学指导、举办企业家讲座、举办本校的毕业生讲座及勤工俭学培训了。

图书馆学科馆员还应该与校内各部门合作,召开就业创业指导交流会,将历届毕业生的就业资料进行介绍,并以此推广良好的经验模式。要与人才资源部门与人才市场合作,协调供需矛盾,及时链接就业创业方面的信息提供给大学生。同时对专业培养模式,专业设置的优势劣势做出分析评估,提供改进意见,确定改进方向。

第六章
互联网售书的物流分析

互联网于 1969 年出现后,经过 50 余年的飞速发展,从根本上改变了人们的生活状况与工作状况。现在无论在什么地方,都可以看到对互联网的运用。可以说,人们在工作、生活、娱乐、旅游、休闲等各个方面都在产生极大的变化。人们的思考方式与学习模式都在不断地改变。科学界与专业界都对互联网十分重视。图书馆在技术上、理论上、应用上也都上了一个新的台阶。反过来,图书馆不断地从互联网中,取得技术上、理论上与应用上的雪崩式的进展。

第一节 互联网的发展

一、局域网

网络的兴起是从实践中发生的。初期,一台计算机配一台打印机与一台扫频仪。后来发现,计算机的使用频率比打印机与扫频仪高得多,几台计算机才需要配一台打印机与一台扫频仪。这样就产生了计算机联网的问题。后来发展到一个房间、一层楼、一栋楼,甚至几栋楼,都需要计算机联网。最后发展为几千米以内的计算机都可以联网。这样就构成了局域网(Local Area Network,LAN)。

局域网的作用在于设备共享、成本节约、效益增加、扩展方便等,因此它在各种办公区域内的应用日益广泛。在局域网内可以共同管理文件资料、共享各种软件、共享各种附加设备。通过在局域网内的网络安全措施可以维护局域网的文献资料安全,使其在局域网内正常运行工作。

局域网发展到一定时期之后,校园网出现了。校园网是为学校师生提供教学、科研与综合信息服务的宽带多媒体网络,当然首先是为学校提供教学、科研方面的先进信息。所以,它是一个宽带且具有互动功能的专业分工很明

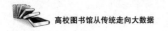

确的局域网络。

多媒体教学有软件开发平台、多媒体教室、教师的幻灯片与视频教学软件、教学库、考试库、财务库、总务库、各专业库等。它们之间由有线的或无线的方式连接沟通成网。

二、校园网

校园网刚开始是在一个高校内部进行联网的。后来发展到各高校之间进行联网。比如镇江高校为了在镇江市内联网,都通向了工作站位于镇江的江苏理工大学。而所有江苏省内的高校,又由各市的大学工作站联网到位于南京的东南大学,最后各省的大学又由各省的工作站联网到位于北京的清华大学,这样就实现了全国高校联网(见图6-1)。

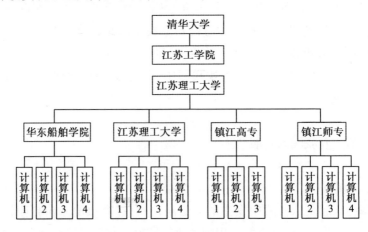

图6-1　高校校园计算机联网示意图

三、互联网

互联网是1969年从美国的阿帕网发展而来的,又称国际网,指的是网络与网络串连而形成的庞大网络。这些网络之间以一组通用的协议相连形成单一国际的巨大网络系统。

由于电磁波是直线传播的,因此互联网的无线电信号用卫星通信是十分有效的。目前世界上只有四个卫星通信系统,分别是美国的全球定位系统(Global Position System,GPS)、俄罗斯的格洛纳斯系统、欧洲的伽利略系统与我国的北斗卫星通信系统。

四、我国互联网的情况

我国互联网起步较晚，在美国之后 25 年亦即 1994 年，但中国特色社会主义旋风式地快速发展促使互联网的发展势不可挡。目前，无论是互联网网民的规模，还是手机持有者的数量均在 7 亿以上，信息量也超越美国，成为世界第一。

互联网的发展，提高了我国人民的幸福感与满意度，政府的行政职能也由于信息、微信的引入，向智慧化方面跨进了一大步，建立了中国互联网络信息中心。

当然，我国的整体文化水平在世界上还不算高。据统计，我国高中以上学历人群只有 1.47 亿人，占人口总数的 1/10。在高层次的发展方面尚有不足，手机只是满足于打电话、互相问好、娱乐、游戏、阅读小说等，科技含量不高，总体水平还相当落后。

五、从互联网到互联网+

互联网当初形成时是一个孤立概念，只是把不同的手机与不同的计算机连接在一起而已。但是随后人们发现，在互联网与各个行业连接起来时开始雪崩式地发展，这就是互联网+的意义。它赋予各行各业新概念、新思考、新生命、新改革与新发展。这是强强联合，绝对不是简单的叠加。即不是1+1=2，而是 1+1=3，甚至 1+1=5。这使得在一个宽广的范围内出现了以互联网为基础的政治、经济、军事、工业、农业、商业、文化的新发展态势，它们互相结合、互相支撑、互相连接、互相促进；也使得管理重组、技术重组、业务重组、模式重组并且不断创新，促进了生产力发展的新态势。

第二节　互联网对图书馆的促进作用

一、图书馆学的学科性质

各门学科都离不开图书、期刊、资料、档案，包括传统纸质的与现代电子的。因此图书馆学的学科性质，可以说是综合性学科、交叉性学科或综合性交叉性学科（见图 6-2）。

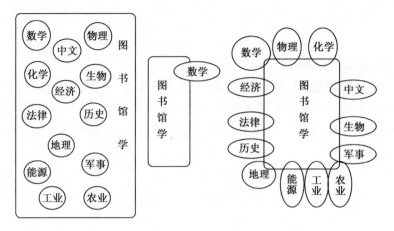

图 6-2　综合性、交叉性与综合性交叉性学科

二、互联网时代,机遇与挑战并存

互联网时代,社会与经济都得到了长足的发展,同时也改变了人们的生产模式、工作模式、生活模式与学习模式。

以生产模式为例,过去常常有本地的联合,这是由于受到通信与交通的限制。一个生产机械部件的小集团生产一个机械部件,可以由各个小工厂生产零件,然后到装配工厂进行装配。现在有了互联网和便捷的交通以后,异地联合成为可能,可以在更大的范围中选择最为价廉物美的零件。没有互联网时,异地联系都要靠打电话,现在有了互联网,只要来回几个微信就可以了,互联网打电话也便宜多了。

生活模式上,过去买东西要到商店,出门购货往往要花半天时间。现在有了互联网,信息传输极快,电子商务也得到了极其迅速的发展,异地采购、第三方联系、异地发货,遇到不合适的货物即时退货、退款。

学习模式上,比如人们问圣诞节的起源,立即可以上"搜狗问问""百度"等引擎搜索,原来耶稣的生日早被信徒们忘记了,于是将古罗马的"农神节"作为耶稣的生日,并称作圣诞节。又如师生处于异地时,学生遇到不懂的东西,在微信中发送问题给老师,老师很快就能回复,这在过去是根本不可能实现的事情。

军事上也是如此,古代战争是冷兵器时代,火药发明以后进入热兵器时代,而计算机与互联网发明以后进入信息化战争时代,海湾战争就是典型案例。互联网改变了人们对于战争的思考。

机遇与挑战并存,互联网时代的挑战是什么?传统方式与信息方式的巨大差异,甚至是信息量的多少,都会使效益产生差异,从而出现获得财富的不同,导致贫富不均。由于几十亿人都需要用互联网传递信息,因此信息安全与保密问题日益重要。另外,世界各国之间的交流迅速增加,如何捍卫与保持五千年的古国文化传统也显得日益突出。

三、互联网给图书馆带来新机遇

前面提到,互联网给社会发展带来的机遇与挑战是体现在工作、生活、娱乐等各个方面的。理所当然,互联网也会给图书馆带来机遇与挑战,并且促进图书馆从传统状态向互联网+转变。互联网的影响几乎是各个方面的,互联网与各专业之间的关系可以说是综合性和交叉性的关系,而图书馆学与各个专业学科之间也是综合性、交叉性的学科关系。因此,图书馆必然处处涉及互联网,处处有互联网的存在,图书馆的一切新思维、新动态、新模式必然对互联网有依存作用,而互联网也在图书馆学的领域寻求到一个广泛的适用途径。

互联网突破了时间与空间的限制。所谓突破时间限制,是因为电磁波的速度等于光速,每秒钟可以传播 30 万千米,可以绕行地球七圈半。在地球上任何一个角落发出信号,不到一秒钟就可以传输到其他地方,这比所有交通工具运输的速度都快,当然也比有线电话快得多。无线电报的传输速度虽然也是每秒 30 万千米,但是电报需要发出方先把文字译成一串数字,再把一串数字译成长短不一的按键符号才能发送出去。而接收方要把长短不一的按键符号译回一串数字,再把一串数字译回文字,这就需要花费不少时间。

互联网突破空间的限制更是如此,地球任何一个角落的信号发向卫星,卫星之间传递后,又发送到所需之地了。

四、互联网给图书馆带来影响

图书馆是将作者、译者的文字信息传递给读者用户的重要场所,但是传统的纸质信息传递很慢,必须到图书馆阅读,或者借回来阅读,周转很慢。电子信息加上互联网大大缩短了时间与空间的距离,为用户提取作者及译者的信息资源提供了极大的方便,也使得图书馆的管理方式、电子库存建设、全民阅读推广、为用户服务的模式,以及图书馆学人才的培训与提高,奠定了理论基础与技术途径。

五、互联网使得图书馆工作人员的思维理念发生根本变化

传统的采购、编目、阅览、流通与馆藏往往是孤立的,从手抄到使用计算

机,虽然是电子化、信息化了,但是仍然缺乏互通与快速传递。自从有了互联网,外界专业信息的传递和馆内各部门之间的信息传递,都变得新颖化、现代化、智能化、快速化、集团化。反过来,思维理念不断更新,代替了原先孤立的考虑方式,发挥了图书馆各部门之间、部门各馆员之间、馆与系之间、馆际之间的群策群力作用。比如,互联网使图书馆馆藏的存储方式发生了变化,一旦采购的馆员采购成功,编目的馆员可以根据互联网传来的采购单据立即进行编目,流通的馆员立即可以在互联网上发出新书刊预报,典藏馆员立即可以由互联网发来的信号编制新的书刊馆藏目录。

第三节 互联网时代图书馆的转型

一、互联网对于图书馆既是机遇,也是挑战

机遇与挑战是并存的,这是任何一件新生事物带来的必然趋势。互联网是要人去掌握的。然而互联网的产生和发展的过程,并不仅与人的研制、人的建立、人的采购、人的销售有关,而且与人对互联网知识的了解有关,比如互联网是如何产生的?如何并网的?如何传输的?互联网的产生和发展过程还与互联网传输的内容有关,比如信息、微信、小说、音乐、视频、新闻、军事、经济、相声、电影、小品等。

互联网传输需要技术,比如电磁波的传播,微波接力站,卫星传输,光缆、电缆,平台、频道。图书馆在新生事物面前既不应该漠不关心,以为事不关己,高高挂起;也不应该消极悲观,以为自己只能做一些传统的纸质资源管理,而掌握不了互联网环境下的图书馆管理。一定要克服认识上、管理上、技术上的困难,迎头而上,在图书馆适应互联网的同时,让所有图书馆馆员融入互联网。

二、图书馆建设的完善

在互联网的产生与发展下,图书馆应该完善以下几项建设:

首先是信息资源建设,包括数字咨询、数字检索、数字储存、数据库、数字互联、信息传递。

其次是设备资源建设,包括图书馆入门自动检索、图书馆阅览自动设计、机器人借阅流通、街头或校区自动借还书工作站或一卡通工作站。

再次是技术资源建设,培训馆员熟悉掌握互联网知识与技能、互联网平台建设、有互联网维修的技术人员、建立互联网范围内的标准化条例。

最后是互联网协议资源建设,包括图书馆与教学系之间的互联合作协议、

图书馆与用户之间的合作协议、图书馆馆际之间的合作协议等。

三、用户信息组织建设

图书馆的用户信息组织工作,不仅是针对文献资料这样的物的信息,而且应该重视用户一切有关的人的信息。在用户的基本信息中,也不仅仅是重视用户对图书馆服务的反馈信息,是被动式信息,还应该有主动式信息。也就是说,要有用户的全面信息,包括人的、物的、被动的、主动的。

用户的需求特点是动态的、千变万化的,要做到优质的用户服务工作,必须不断地掌握用户的全面信息,了解用户特长、用户偏好、用户行为、用户习惯,这样才能有的放矢,使图书馆从"卖方市场"变成"买方市场",使图书馆的作用更为精细化、准确化、实用化。

把各类图书馆资源进行更为有效的采集、分类、整合,进一步提升文献资料的利用效率,提升图书馆的读者服务效益。

对于用户信息,应该大量、仔细地采集。比如年龄、学历、经历,曾经研究过什么内容?理论性的研究还是实验性的研究?开过哪些会议,特别是学术性的会议?做过哪些报告?写过哪些书、论文、资料?获得过哪些专利?平时把工作时间、甚至业余时间主要放在哪些方面?喜欢阅读哪一类的图书、期刊、资料;等等。

要把用户信息、用户行为、用户经历、用户笔记、用户日记等整理、分类、聚合,建立动态用户数据信息库。这样才能提供用户信息的巨大支撑。

第四节　互联网下的信息服务

网络的发展速度是惊人的,从局域网、校园网、区域网发展到现在的互联网仅用了几十年。

而互联网与工作、生产、生活联系之后,各行各业都得到了飞速的发展。人们的思维动作与生活习惯也发生了深刻的变化。在火车、地铁、公共汽车等交通工具上,经常可以看到人们在使用手机,当然也是在使用互联网。行业与行业、企业与企业、学校与企业之间的交叉、渗透、融合、互补现象日益突出,并不断地呈现出新的面貌。

习近平总书记对互联网的建设十分关心,2016 年 4 月 19 日,在北京召开的网络安全与信息化工作座谈会中,他讲了六点重要指示。

(1)谈大势:我国已经成为网络大国。

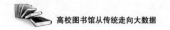

网络已经走进千家万户,我国网民的数量已经是世界第一。

(2)谈建设网络强国:要有自己的技术,过硬的技术。

要有自己的技术、丰富而全面的信息服务、良好的信息基础设施、实力雄厚的信息经济和高素质的网络安全和信息化的人才队伍,要积极开展双边、多边的互联网国际交流合作。

(3)谈网络空间:把握好舆论导向的时、度、效。

要创新地改进宣传,弘扬主旋律,激发正能量,大力培育与践行社会主义核心价值观,把握好舆论导向的时、度、效。

(4)谈网络安全:互联网核心技术是我们的最大"命门"。

保证网络安全、国家安全,必须掌握好核心技术,保护好我们的最大"命门"。

(5)谈信息化:让亿万人民在共享互联网发展成果上有更多获得感。

适应人民的期待与需求,加快信息化服务普及,降低应用成本,为老百姓提供用得上、用得起、用得好的信息服务。

第五节　互联网时代的跨界

互联网既是一个产业与物流联合的桥梁,也是产业与产业联合的平台,更是推动各产业突破原有规模与原有格式,向更深、更广的方向创新改革的推动力。随着我国在经济上改革开放的步伐日益深入与发展,互联网的跨界作用也日益明显。这个"跨界"融合,指的是产业与产业之间,行业与行业之间,政府、图书馆与行业之间,由于互联网的产生、兴起与发展而形成的融合。

一、互联网对跨界融合的促进作用

组织与组织之间、产业与产业之间、组织与产业之间的边界原来是十分明显的、清晰的、突变的。但有了互联网这个桥梁,边界就变成模糊的、迷离的、渐变的了。这种变化也随着时代而成为辩证的与动态的。这使得原先性质不同的组织,同一产业中不同的行业,同一行业中不同的企业职能出现了交集,出现了综合式及交叉式的组织形态,出现新的业务运行模式,有了新的平台、载体、介质与功能。也就是说,有了互联网这个纽带,各组织与各行业融合起来了。

二、产业化过程在互联网时代的垂直跨界

物流不仅是商品流,更是信息流、资金流、工艺流与设备流。这些流动或流通,在互联网作为纽带、基础、平台、介质的条件下,从传统通信进展到互联网。这一方面大大地提高了工作效率,另一方面带来了创业、创新的新局面。如果想提升价值,组织与组织之间、产业与产业之间、组织与产业之间,没有互联网是不可能实现的。信息服务、信息技术与信息设备,把物流供应链的上端与下端紧密地串在一起。信息技术通过硬件与软件的开发制造,通过互联网平台,改变了产业、服务业、技术业、金融业、物流业的总体布局。这种融合既扩大了入口数量,又增加了出口的用户规模。

三、物流产业链在互联网时代的水平跨界

机遇与困境是并存的,互联网带来了不少机遇,然而传统的产业方式在互联网时代必然产生困境,出现发展瓶颈,带来新的挑战。各个产业为了实现新的价值,拉升新的服务,必然要利用互联网平台实现产品创新,以提升自己的核心竞争力。

在互联网时代,从图书检索、阅读服务、图书流通方面,一般的传统方式在物理空间与时间上都不适应了。大量的图书馆用户需要利用互联网克服时间与空间的限制。因而,图书馆在纸质图书、设备图书与电子图书的基础上利用互联网平台,快速进行了转型升级。图书馆也利用互联网与图书出版发行商、图书批发零售商、物流及第三方物流供应商,进行了水平跨界合作。

四、跨界联合的根源在于用户需求的升级

世界经济的发展,是从卖方市场向买方市场转移的。集团化整齐划一地需要向个性化、多彩多姿的方向发展。对于图书馆而言,一切工作的根本目的在于最大限度地满足用户日益增长的要求,为用户服务。而个性化、多需求化的用户消费时代的到来,使用户信息在同一图书馆平台中,有千变万化的不同需求。

普及阅读和专业阅读被碎片化阅读与严肃阅读所代替。而碎片化阅读与严肃阅读,在信息服务平台方面需要集中与整合。所以动态化与多样化的新型信息服务,也就代替了传统的静态与固定式的服务。如何做到成本低、效率高、检索时间短,成为图书馆用户服务的优秀价值目标。而这些对于跨界联合或融合的图书馆用户服务平台来说,是十分敏感的、新颖的、需要经常思考与执行的业务。

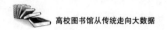

五、云计算与大数据是互联网再向前发展的基础

如果没有互联网,云计算与大数据就不可能联系千家万户。有了互联网后,云计算与大数据等信息技术手段来到了用户家中。

第六节　互联网售书与图书馆的关系

图书馆传统购书有四种方式(见图6-3)。第一种方式用得最多,即根据任课教师提出的品种要求,系部汇总上报,教务处订购学生所需的主要教学参考书,图书馆订购教师和学生需要借阅的其他图书。

图书馆根据各系部提出的购书计划,向有关出版社订购图书,出版社一旦知道购书的学校及联系人,都会根据书目(见图6-4)按学期寄到学校,学校将系部购书计划与出版社书目一一对照,购书计划就基本完成了。出版社在开学之前,将书运送到学校并发放到学生手中。

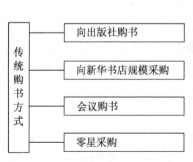

图6-3　传统购书方式

图6-4　书目查询

这种办法只能做到学生手上有书,但是还有几个问题需要解决。

首先,各个出版社出书质量不同,比如会计类的图书,上海立信会计出版社比较有名;各个经济类的图书,由东北财经大学与上海财经大学的老师编写的书得到购书学校老师的偏爱。本地出版社离学校最近,当然环节最少,取书时间最快,效率最高。

其次,各个图书的作者,由于生活经历、个人兴趣爱好等不同,即使是同类型的书,写出来也各有不同的侧重面。有的人写的书,理论上阐述比较清楚;有的人写的书,有大量的统计数据支撑;有的人写的书,用了较多的数学计算方法;有的人写的书,用了更多先进的思想理念。

为了满足一些教师的特殊要求,比如"计算机英语"是一门专业英语课,授课教师要求一定要用清华大学出版社的教材,因为该教材附带一张光盘,其中的英语发音非常标准,对改善学生的英语口语效果比较好,因此需要专门到清华大学出版社去订购。

授课教师为了弄清楚问题的来龙去脉,不能只有一本参考书。这就需要在当地最近的新华书店购买一批书放在图书馆,供教师和学生借阅。因此,向当地最近的新华书店集体购书,是图书馆购书的第二种方式,这是对基本在出版社购书情况下的一定数量的补充。

第三种方式是会议购书。由教育、文化部门牵头,各大专院校图书馆每年定期召开购书会议,各出版社的人也到会参加,在会议上订书。这种方式的好处在于,它具有交流性、高效性与前瞻性,学校与出版社根据需要与可能进行沟通,并通过会议确定购书意向。

第四种方式是补遗。临时性购书,比如一些选修课上课时间定得匆忙,那就要到专门的出版社或新华书店的门市部购书了。

有时,新华书店会直接到学校搭建临时小棚售书,见图6-5。

图6-5　踊跃购书状况

第七节　当前中国用物流进行网络售书的情况

20世纪90年代,开始出现网络售书,随着互联网的发展,至今已有很多网络售书点了。网上物流也有了几种不同的形式(见图6-6)。

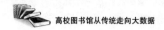
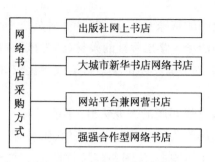

图 6-6　网上书店的各种形式

第一种形式是出版社的网上书店,因为出版社的书最为集中,所以最早开始试行网上售书。各大出版社纷纷开起了网上书店。

第二种形式是大城市的新华书店的网络售书。这在中小城市较难实现,因为网络售书首先必须要有一定的规模,比如北京、上海、深圳等城市容易具备这样的条件。

第三种形式是网络公司兼营。网络既然是一个平台,必然包含多种内容。而售书可以成为其中一项内容。

第四种是合作形式。可以是出版社与网络公司合作,也可以由大城市的新华书店与网络公司合作,即所谓的强强合作。因为经济学上有一个公式,即

$$(a+b)^2 = a^2 + 2ab + b^2$$

这里的解释是,a,b 是两个企业,如果它们互相合作,就会多产生一个交叉项,比单纯地两者相加还要强。

第八节　网络售书流通形式的优化

发展、整顿,再发展、再整顿,这是事物发展的普遍规律。

一般的,发展属于创造性思维,整顿属于逻辑思维。创造性思维往往是人们突发灵感时偶然发生的,看起来杂乱无章,不易为人们所接受,实质上自有一番内在的规律。而当新事物出现之后,要把它整理成人们容易接受的形式,就需要逻辑思维的方式了。

要优化网络售书的流通形式,首先要定一个优化标准。我们的优化标准是效率高,时间快,环节少,成本低(见图 6-7)。

当然,成本低、效率高是主要的。因为成本低意味着花较少的钱买较多的书,增加阅读效益与教学效益,并最终利于早出人才、快出人才与多出人才。而高效率是一切工作的需要,更是祖国发展的需要。

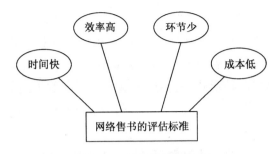

图 6-7　网络售书的评估标准

这四个标准是互相联系的。想要效率高,就必须环节少、时间快。但由于种种原因,需要买什么书定下来的时间很晚,要书很急。如果环节多、时间慢,就会减少教师备课时间,也不能满足学生的学习需要。

举一个例子。曾经有一位年轻的小张老师,答应了系领导在新学期教"市场经济统计学"的课程,于是他在暑期就备课了。可是小张老师准备到最后几章时,发现看不懂,因为他学的是文科。而这几章涉及线性代数、模糊数学等数学知识,绝不是一时半会能够学会的。于是他向系领导提出,该课程实在教不了。可是这时离开学只有短短的几天,只好临时调配经验丰富的有高等数学基础的老张老师来教这门课程。老张老师虽然从未教过这一门课,但接手这一门课要比小张老师容易不少。为了备好新课,他需要 20 本有关的参考材料。在此情况下,买书就成为十万火急的事。而如果购书环节多、时间慢,就会影响教学效果。

我们再回过头来看一看四种网上售书的效果如何。

先看第二种形式,大城市的新华书店搞起了网络售书。由于规模增大,原来售书的品种与数量远远不能满足新客户的需要。所以第一步就需要扩大图书的品种与数量。随之人力就显得大大地不足了,于是光依靠人力不能够满足工作的需要与节奏。这就需要有部分机器来代替人工,需要机器运输、分拣图书及存取图书。这样,工作性质发生了变化。原来只需要少量的工作人员满足存取书与结账,现在需要购买机器、维修机器与操作机器,因此不得不投入新的资金与招收新的员工,同时要增加工作人员的技术含量。资金、设备、人员、场地都有了一个极大的变化,因此,这对于中小城市的新华书店来说是不现实的。

再看第一种形式,出版社的网上书店,因为出版社的书最为集中,初看起来,似乎比第一种情况要好一些,因为规模大了。其实,出版社面临的困难很多,仍然需要运输车辆、需要机器分拣、存取图书。业务与原来不完全相同,工

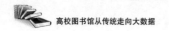

作性质同样发生了变化。原来的工作人员,只是搞编辑、翻译、校对与版面设计等文字工作,属于"文科"性质。现在要去搞机器,属于"理工科"性质。他们必须招收新员工,重新搞一套人马,长此以往仍然是不合算的。

至于第三、第四两种形式,更不适合搞网上售书的书店了。所以,无论是效率高、时间快、环节少、成本低中的哪一条标准,四种方式直接去搞网络书店都不适合。

目前,只有一些大城市才有外文书店。大多数外语原版书也只在这些城市的新华书店中有售。

上述出版社、新华书店、外文书店、网上书店、第三方物流与运输之间的联系可用图 6-8 表示。

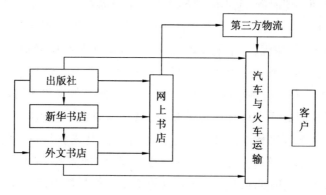

图 6-8　出版社、外文书店、新华书店、网上书店、第三方物流与运输之间的联系

第九节　用物流进行网络售书的进一步设想

根据上述分析情况,不论是出版社、新华书店、外文书店,都不适合自己搞一套网上书店业务。因此,必须成立专门的网上书店。网上书店的主要任务是,大规模地用机器分拣图书,规模化地用机器高架式贮存与取出图书。至于运输情况,也视出版社的能力,有能力的出版社可设置运输部门,负责运输业务。

如果网上书店的人力、物力、财力不足,可以委托第三方物流专门去搞运输。这样,书店、出版社、运输公司、第三方物流各司其职,通力合作,最后实现门到门的运输,以把图书安全快速地运到客户手中。各部门各司其职又紧密联系,每一个部门都做到专门化,对核心业务十分熟悉,工作效率极高,这才是多快好省的方法。那些小而全、大而全、万事不求人的方法只是权宜之计,不能保证时间快、效率高、环节少与成本低。

云计算抓住了在互联网分布线中各台计算机的计算结果，并汇总后在计算机中心又进行统一计算，使单一计算机出现了无可替代的新功能，仿佛从古老的水井供水变成了由全市统一调配的水库统一水源供水，不但可以随时取用而且价格低廉，也就是价廉而物美。大数据具有能够统一且快捷地挖掘用户的研究项目或教育科目中的各种资源的能力，能够分享到互联网中每一用户。没有边界，只有联合与融合。

因而互联网跨界联合与融合是个性化的、综合式的、多层次的、多元化的模式。

第七章
高校图书馆的微营销

营销与微营销,原隶属于市场营销学(Marketing),由于计算机、手机与网络的发展,习惯于典藏纸质资料的图书馆有了危机感,借助于市场营销学找到了图书馆的一个重要出路。在图书馆微营销的推动下,图书馆找到一条新的出路,不仅可以继续存在,而且更上了一个新的台阶。

第一节　营销与微营销

一、经典的营销理论

美国学者麦卡锡在 20 世纪 60 年代第一次提出了 4Ps 理论。4Ps 是以英文字母开头的四个单词,即 Product(产品)、Place(渠道)、Price(价格)、Promotion(促销),S 是 Strategy(策略)。麦卡锡的意思是,要搞营销去占有市场,必须以产品、渠道、价格、市场作为重要的营销策略。或者说企业的营销策略是由产品策略、渠道策略、价格策略、市场策略所组成的。比方说"人无我有,人有我好,人好我转"就是一种典型的产品策略,当然也是一种营销策略。同样一件产品,在闹市区销售,当然要比在人烟稀少的地方销售快得多。这就是一种渠道策略。

产品在刚研制出来时,由于要考虑设备折旧费及市场占有率,价格较高。而形成工业生产的产品之后,价格就要适中。当形成大规模生产以后,价格就要下降。最后,当市场产品较多形成积压时,价格甚至不如成本,这时就需要尽快转换产品。

产品的推广广告、积压产品的压价、正常产品的市场宣传等都属于促销策略。营销理论 4Ps 出现后的 20 年间,又不断地根据实际营销状况,理论上加以完善。有人提出了 5Ps,即加入包装(Package)。同样一件产品,有好的包装,就可以卖好的价格。比如,目前镇江恒顺酱醋厂的咸菜,如果是裸包装,一瓶只卖九元,而一个四瓶装的礼盒中,一瓶就要十二元,包装盒成本还不到八元,但因为包装精美,送人非常合适。所以好的包装不但能带来高利润还能受到顾客的欢迎。科特勒是一个著名的营销理论学家,他提出了6Ps营销理论,即在原来4Ps理论的基础上,增加了政治力量(Political power)与公共关系(Public relations),即人们常说的公关。布姆斯也在4Ps的基础上提出7Ps营销理论,他增加的是人员(Participant)、物理展示(Physical evidence)与过程管理(Process management)。

其后,科特勒又在其6Ps营销理论的基础上,增加了侦查(Probing)、分割(Partitioning)、优先(Prioritizing)与定位(Positioning),形成新的比较完整详细的10Ps营销理论。任何理论的建立,一开始只能叫假说。在实践中检验,多次符合实践的理论,才是正确的理论。

在营销理论范围中,4Ps、6Ps与10Ps营销理论应用较为广阔。4Ps先看到了四个重要因素,代表了市场经验理论的兴起。6Ps是进一步的提高,代表市场营销理论的发展。10Ps代表了市场营销理论的成熟。

二、微营销理论的兴起与发展

在现实的经营活动中,有的商店门庭若市,非常红火;而有的商店门可罗雀,甚至关停并转。其主要原因在于顾客的需要与商店位置的选取。经营者发现对于有的顾客生意,经营后几乎无利润,甚至付出大于收入而造成亏损。也发现所经营的商品如果放在人气不旺的地方,资金周转不灵。因此就产生了微营销的概念。

微营销与营销的区别是,营销是共性的,而微营销是个性的。

微营销理论也是由科特勒提出来的。他认为,应该根据特定个人与特定地区的口味定产,调整产品和营销策略。微营销既然是一种个性,它在营销对象、营销产品、营销场地方面必然会有特殊要求。进入21世纪,贫富差距在发达国家与部分发展中国家还是明显的。实践上营销产品80%的利润来自20%的顾客,特别是购买频度高的顾客,显然这部分顾客是重点营销对象。当然,也不要忽视那80%的普通顾客,因为他们人数甚多,是薄利多销的对象。而薄利多销也是一种营销策略。

除了上述在营销对象方面的微营销理论以外,在营销产品方面,特别注重精细营销。比如上海制造的桑塔纳轿车,其制造过程虽然已经机械化、自动化与规模化,但也仍然要考虑个性。有的女士喜欢红色喷漆,有的女士喜欢白色喷漆,而男士喜欢黑色或深蓝色喷漆。那么产品在最后的喷漆工艺中,就要考

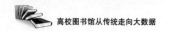

虑不同产品对象的不同需要。这就是一种精细需要,产品将根据需要不同色彩的人所占的比例,来决定喷漆色彩生产时的比例。

区域营销也是科特勒提出来的,他将产品分为国家级、省级、城市级三个层次,根据各级对产品需求的不同来确定产品的品种与数量。比方说,银制首饰在我国苗族颁布较多的云南很受欢迎,但在江苏、浙江等地就不畅销。反之,汉族女人喜欢的钻石、黄金与宝石等首饰,在苗族地区也会滞销。

三、其他有关营销与微营销的定律

摩尔定律表明,同样面积的电脑芯片或集成电路中的晶体管数量每18 个月就增加一倍,同时芯片处理速度增加一倍,而成本降低一半。这里的18 个月,在时间上不一定十分精确,但是单调上升或单调下降的格局不会变化。

集成电路(Integrated circuit)有时也叫芯片(Chip)。其原理如下:芯片的大小一般是零点几个平方厘米或是一个平方厘米,它是一块硅片或陶瓷片上面的砷化镓片。在硅或砷化镓片上,做成晶体管、电阻、电容、电感及导线。每个晶体管、电阻、电容、电感及导线成一个单元。每个单元的核心器件就是晶体管。因此,习惯上把每个平方厘米的集成电路中有多少个晶体管称为集成电路的集成度。20 世纪 50 年代,集成电路的集成度为 50,在70 年代达到 10 万。2005 年,集成电路的集成度达到 80 亿。从而移动通信技术也从 1G 上升到目前的 5G。过去计算机需要一年完成的计算,现在不到一秒就完成了。

吉尔德定律是在摩尔定律基础上的进一步延伸。吉尔德认为,主干网带宽的增长速度是 CPU 增长速度的 3 倍。按摩尔定律 18 个月计算,主干网带宽的增长,应该是每 6 个月增长一倍。

迈特卡尔定律认为,网络的价值随着用户数量的增加而平方性地增加。比如,用户数从 1 000 万增加到 1 亿,人口增加 10 倍,那么价值将增加 100 倍,当然,这也是一种粗略的看法。这可以从图 7-1 中得到理解。由图可见,两个用户之间只有 1 根连接线,而三个用户之间有 3 根连接线,四个用户之间就变成 6 根连接线。图 7-1 就是一种用户增长、价值平方增长的简单示意图。还可以这样理解,一个城市如果只有一部电话,则毫无用途。如果有两部电话,只能在两个用户之间通信。而如果有 100 万部电话,那通信的效果就大大增加了,只有这样的通信才有真正的意义。

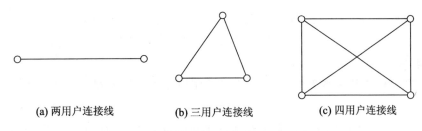

(a) 两用户连接线　　(b) 三用户连接线　　(c) 四用户连接线

图7-1　两用户、三用户与四用户之间的连接线

目前任何理论的证明都只有三种办法：科学实验、数学公式计算、计算机数值计算。这里，我们证明一下迈特卡尔定律。

设 i 代表电话机的数目，即手机的用户数，$i=1,2,\cdots,n$；$a_i=0,1,3,\cdots,$ $\dfrac{n(n-1)}{2}$ 代表电话机之间的连接线数，即网络的价值。

物理上，当两个数值相加并且其中有一个是变数，且当一个数达到另一个数的 10 倍以上时，另一个数就可以看成无穷小量而加以忽略。

所以，当 $n \geq 10$ 时，$n-1 \approx n$。

对于任何一个城市，$n \geq 10$ 万，所以 $n-1 \approx n$ 成立。

第 i 项与第 n 项的项数之比为 $\dfrac{n}{i}$，对应的网络价值之比为 $\left[\dfrac{n(n-1)}{i(i-1)}\right]^2 \approx \dfrac{n^2}{i^2}$。

这里，只要取 $i \geq 10$，从而得到证明。

第二节　高校图书馆的受迫形势与环境分析

一、新形势下高校图书馆的出路

无论国内还是国外，在很长一段时期内，大学都有三长，即教务长、图书馆长与总务长，可见图书馆长在大学的地位是根深蒂固的。

进入 21 世纪，网络化、信息化、计算机化的飞速发展，带动了全球化与城市化的普及。互联网改变了人们的工作、学习与生活。

在这种大形势下，图书馆感到了很大的压力与危机。因为原来的图书馆中，所有库存基本上是纸质图书。因而有人怀疑图书馆要不要继续存在？究竟如何发展才能够存在？

电子技术的发展是突飞猛进的，智能手机、笔记本电脑、平板电脑、无屏式电视机、眼镜式移动网络相继出现。有的东西出现不久就被淘汰，比如录像机与录像带、录音机与录音带。

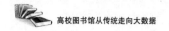

这些数字式的资源具有移动性、及时性、规模性、普遍性与适用性的特点。它们很快被用户所掌握，反过来又迫使图书馆向前发展，以适应新的形势。

图书馆必须采取新的形式，扩展新的内容，才能嵌入到用户中间去，才能更好地为用户服务。据155所高校2008—2015年的统计，电子出版物数量平均每年增长20%，使电子出版物成为图书馆的重要典藏，有的学校图书馆电子出版物的典藏资源已经超过了书本典藏资源。

2010年，我国提出要加快创建世界一流大学和国际水平大学步伐，培养一批拔尖的创造性人才，形成一批世界一流的学科，产生一批国际一流的原创性成果……世界各大国之竞争主要反映在政治竞争、军事竞争与经济竞争上，归根到底是科技与教育的竞争，而实质是人才的竞争。高等教育是培养人才的主要场所。教育需要开放方式，需要进行国际交流。教育竞争也包括国际的全球化策略。我国的高校渐渐地扩大与发展了国内外高校师生的交流与互访。国际之间进行合作交流，联合办学。比如江西财经大学会计专业，就进行了中英联合办学。大学生在国内先学习四年，然后到英国学习一年，即可获得硕士研究生学位。其中在国内学习的第一年，除了一般大学生必须学习的大学英语中的听力、精读、口语与写作以外，大部分课程全部使用英语教材，由中国老师教课。到了高年级会请外教教授课程，在课堂上一边学习专业知识，一边锻炼英语听力。

在信息技术嵌入中国人民的生活之后，高校校园的信息化、智能化、计算机化、数字化与多媒体化同样深入到高校图书馆。信息共享空间、知识共享空间、学习共享空间也从一般的物理共享空间过渡到虚拟共享空间。具体的表现形式是智慧教室、翻转教室、自主学习、虚拟现实、情感阅读与图书馆借阅机器人等。因此，高校图书馆不但在新形势下不会消失，而且更为发展与壮大。镇江的几个高校图书馆都在扩建规模，增加典藏库特别是数据库，从而不断增加图书馆的经费投入。除了原有的国家投入与地方投入以外，还有业务外包、增加营销、嵌入校外的科技学科服务，以获得更多的资金支持。

二、环境分析法及其在高校图书馆中的应用

市场经济提倡合理竞争，只有竞争才能提高市场产品的质量，才能满足用户的需要，才能改善人民的生活。要竞争，必须考虑自己与周围的环境，正所谓"知己知彼，百战不殆"。下面介绍几种竞争所用的环境分析法。

（一）SWOT 分析法

SWOT 分析法，又叫优劣威机分析法，或矩阵分析法。它是把竞争归结为优势（Strengths）、劣势（Weaknesses）、威胁（Threats）、机遇（Opportunities）四个方面进行分析的一种方法。这种方法首先要组成一个团队，这个团队要求有一个会计，因为只有这种人才掌握企业的账款物收支情况；要有一位销售人员，因为在市场经济情况下，对市场的形势与动态而言，销售人员是最了解的；要有一位技术人员，最好是工程师，来掌握产品的技术细节；最后要有一位专职的管理人员，比如车间主任、调度科长或计划科长之类的人员等。根据这种团队的有机组合，才能经过分析得到企业今后的经营战略方针。

优势与劣势指企业内部，威胁与机遇指企业外部，前者是企业的强项与弱项，后者指企业所受的市场外部环境的威胁与机会。团队的优劣威机分析见表 7-1。

表 7-1　团队的优劣威机分析

内部＼外部	优势	劣势
机遇	根据价格、速度、产品大小、运输质量选择快递公司	根据不同货物进行不同包装 进行物流的追踪控制 增值服务与差别化价格
威胁	灵活运用各快递公司物流 进入国际物流联盟 开发多样化快递服务	由服务特性填写包装单分别运行 不同车辆运输 提高物流效率

（二）PEST 分析法

PEST 分析法，又叫政经社技分析法，是政治（Political）、经济（Economic）、社会（Social）与技术（Technological）分析法的简称。

近年来，由于社会主义市场经济的迅速发展，国家经济导入渐渐提高，同时国家管理水平节节攀升，对高等教育与文化发展越来越重视，高校图书馆的资金投入也呈现螺旋式上升。

教育部的高等学校图书情报工作委员会由 50 位专家组成。中国图书馆学会高等学校图书馆分会，为社会团体，归民政部领导。这两个组织的秘书处合在一起，一个班子两块牌子。他们的工作是，做有关高校图书馆的文献资料建设、人力资源建设、馆舍环境建设、读者服务与创新、信息素养教育、信息技术应用、战略规划研究、古籍特藏管理保护、期刊信息研究及规划修订、发展报告等工作。

经济方面,随着我国改革开放以来的几十年经济的持续增长,高校图书馆的资金投入也在螺旋式地增长,其中90%用于文献资料的建设。中文图书、外文期刊及电子资源是图书馆资金的主要投入。

在社会方面,文化程度越高的人对图书的需要也越高。改革开放以来,特别是到21世纪以来,我国大学从精英培养模式转换为大众化培养模式。大学总数量与大学生总人数都大大增加。这为高校图书馆开展微营销活动打下了良好的基础。电子化阅读日益深入,但是纸质阅读仍然是主流。

(三)波特五力模型分析法

20世纪80年代,哈佛大学教授迈克尔·波特提出五力模型分析法(见图7-2)。他认为,市场竞争主要由竞争者、潜在竞争者、替代品生产商、有议价能力的供应商及有议价能力的购买者所决定。

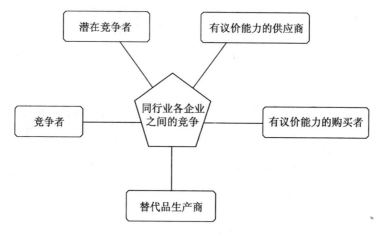

图7-2 波特的五力模型

从高校图书馆的优劣威机分析法看,目前国家对高校图书馆的投入增加,而且各高校图书馆又是按照本校师生量身定做的,具有天然的优势,但也有竞争对手。高校图书馆的竞争对手是其他大学的图书馆、公共图书馆、各类情报信息服务机构、互联网服务平台等。在大众化信息服务方面,公共图书馆具有优势;在科研权威性方面,科技机构的图书馆具有优势。而互联网服务平台更是能够快捷及时地传达信息。不过图书馆方面的竞争不如市场的产品竞争那样激烈,比较隐蔽与温柔,图书馆馆际之间更多的是互相协作关系。

第三节　高校图书馆微营销的引入与实践

一、高校图书馆微营销的定义、目的与特点

前面章节已经讨论了营销与微营销，那么什么是高校图书馆的微营销？美国图书馆协会给图书馆微营销的定义为：一系列指在促进图书馆与其信息服务提供者与这些服务的现在用户与潜在用户的积极及时响应的交互活动。这些活动涉及产品、成本、交互方法与促销方法。

这个定义包括三个含义：一是微营销的主体是图书馆；二是微营销的受体是用户与潜在用户，而潜在用户应该是与之有联络关系的大学学生及有协作关系的社会团体和个人；三是主体与受体之间物的传递，这个物就是书刊及电子出版物，以及传递过程中所要解决的方式与内容。由于图书馆不以利润为目的，不是一次性消耗品，也不仅是进行产品的简单传递，所以图书馆的微营销与一般性产品的性质不同。图书馆强调的是社会效益，而一般性产品主要强调经济效益。图书馆的书刊及电子出版物供用户阅读与借阅，其所有权仍然归图书馆，而一般商家的产品是由商家向购物者进行一次性传递，所有权与使用权同时全部转移了。图书馆的目的在于推广，而一般商家营销的目的在于利润。

二、高校图书馆微营销的主要手段

开展微营销的项目与未开展的项目必须分清。也就是说，要分清哪些是传统项目，哪些是微营销项目，这涉及微营销的主要手段。该手段是校园网中的图书馆应用部分、微博、微信、微电影、移动图书馆、真人图书馆等。

高校图书馆微营销的特点如下：

第一是读者的先定性。高校图书馆的读者与一般产品的用户不同，不能像妇女小孩用品商店那样，产品专供妇女小孩使用，而不供老人与男人使用。因为高校图书馆的本质在于推广，不能拒绝一部分用户而去迎合另一部分用户。高校图书馆的用户是大学生、老师、研究生、研究人员、管理人员，以及部分有联系的兄弟大学和社会上有关单位的人员。

第二是产品与服务同时发生。高校图书馆不像一般产品，要么是第一产业产品以农产品形式出现或第二产业产品以工业品形式出现，又或者是第三产业产品以纯服务的形式出现。图书馆在将书刊与电子出版物递交给用户的同时，学科服务也就发生了，有时服务可能还大于物质产品。

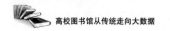

第三是行业竞争的温和性，以及协作大于竞争，这一点之前已经涉及。

第四是量化成果的难度比较大。用户在借阅、咨询、培训、讲座中，直接获得的效果具有迷糊性或不确定性，从而在衡量图书馆的学科服务时，也有迷糊性或不确定性。

例如，教师在教学过程中需要几十种书刊与电子出版物，有时甚至为了讲清楚一个问题要查找很多资料，很难明确地说是哪一个资料最终使问题得以解决的，碰到实际问题时，还需要融入当事者的思考、灵感与决策。

三、高校图书馆微营销实践

笔者曾与朋友们讨论，对红楼梦中的哪个人物印象最深。于是众说纷纭，有说贾母的，有说贾宝玉的，有说林黛玉、薛宝钗的。其中一人说是王熙凤，大家不理解，要他说说原因。此人回答，王熙凤有管理才能，把偌大的宁国府、荣国府那么多人的工作，安排得井然有序且赏罚分明。市场营销学就是属于管理学的内容，于是有的大学把管理学博士调入图书馆当馆长。新馆长一上任，就认为高校图书馆必须着眼于用户的需求，无论是定位、理念、配制、体制、人员都要进行变革，为用户考虑。想用户之所想，急用户之所急。只有用户满意了，图书馆才能赢得用户的信任，从而使图书馆的工作更上一个新的台阶。

（一）学习先进的图书馆，扩展本图书馆的视野

改革开放的国家，改革开放的社会，就要有改革开放的图书馆。开放就是要学习先进，借鉴别人的好的东西，充实自己。向先进的图书馆学习，扩展本图书馆的视野是十分重要的。河北经贸高校图书馆馆员曾去参观北京高校图书馆、清华高校图书馆、北京理工高校图书馆，以及一些国内其他地方的高校图书馆，学习各级各类图书馆的先进管理经验与微营销实践经验，打开工作路子。他们参观了自助借还系统、检索一体机、服务机器人，以及图书馆监控系统等先进机械设备；了解了学科系统、课题服务、定点查询、数字信息技术、素养教育等先进理念。参观学习访问回馆后，全体馆员开会讨论，找原因、找差距、想办法。

（二）激发兴趣与赏罚分明，促进大家的积极性

图书馆以工作能力为出发点，调动职工的工作积极性，启发他们的兴趣，而不是仅仅按他们的学历、职称等来分配工作。建立奖惩制度，奖勤罚懒，广开言路，欢迎与接受同事们的合理化建议，努力开拓创新思路。引进人才，逐步建立合理的图书馆工作人员制度。

（三）量入为出、精打细算，合理分配图书馆资金使用

俗话说："人是铁，饭是钢，一顿不吃饿得慌。"图书馆的"口粮"就是资金。图书馆的一般支出通常分纸质书刊、空间设备建设、馆藏数据库等。图书馆建成以后，建筑面积就确定了，最大的资金支出就是数据库。数据库由纸质资料数据化与电子出版物构成，用于网络与计算机。目前数据库分为已购数据库、自建数据库、免费数据库与收费数据库，它是用户阅读的强大支撑，但是需要大量资金。

2010 年以前只有图书馆维持资金，2010 年以后，有了为完成数据库建设的图书馆专项发展资金。2012 年又有了学科建设与信息支撑系统资金。研究课题项目资金中，也有了图书馆的成分。2014 年，有了图书馆学科服务平台建设资金。因此，图书馆的资金投入呈螺旋式地上升。

（四）深入用户，调查研究，了解所需

深入用户，就是主动地吸取用户的意见。图书馆总是有工作时间规定的，这在过去信息不发达的时代，没有任何矛盾。但是在信息爆炸的时代，图书馆时刻有人需要借阅，这是用户提出的一个重要问题。有的采用错开各馆员的上班时间，且夜间值班的方法，满足不同用户的需要。

另外，图书馆的工作人员有的层次较低，有的层次较高，于是可以通过定期召开座谈会、开办培训班及参加兄弟院校的培训班来解决。

有些新引进的机器设备也会有失误，因此既要培训现有人员，又要进行人机对话。为了更快、更好地解决用户存在的问题，可以设置馆长信箱，随时随地反映与解决用户困难。

若阅读空间不够，图书馆可以向学校建议，晚自习多开几个教室，便于学生复习与预习有关知识。

最近，笔者所在学校引进了 RFID（Radio Frequency Identification）射频识别技术设备，实现了大学生 24 小时自动借还书。学生可以通过人脸与指纹进行识别，用设备自动借书与还书，这样就彻底解决了图书馆上班时间有限，而学生阅读时间不充裕的问题。

第四节　高校图书馆的网站建设

企业营销要搞产品设计，网站相当于高校图书馆的产品，而网站建设相当于高校图书馆的一种产品设计。

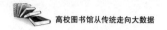

一、高校图书馆网站平台首页

首页仿佛景点的导游图,兼具门户功能。导游图要展示景点各主要部分的布局。图书馆任何时候都离不开资源与服务,但布局既要全面展开,不能丢三落四,又不能太琐碎,因为页面篇幅有限。

以清华高校图书馆网页为例,左上方为检索框,显示五大检索栏目,即"馆藏栏目""数据库""电子期刊""整合检索""我的图书馆"。左下方为"资源""服务""概况"。网页的右上方显示的是"资源信息"与"通知公告",右下方显示的是"互动与沟通"。

在网页中,对于不同身份的用户,可以设计不同的入口,比如"大学生""研究生""教师""校内员工""校外人士"等。

在查找资源主菜单下,可以弹出子菜单,而子菜单可以设计"电子杂志""电子图书""数据库""馆藏图书""馆藏期刊""馆藏其他资料"等。

二、图书馆网站服务功能

图书馆网站服务功能,着重于快速顺利地提供用户所需要的内容。

普通的网站功能中,除了检索功能以外,必须有用户管理功能。其他有新闻发布功能、论坛与讲座功能、广告管理功能、新闻公告功能、网络聊天功能及网站计数功能。其中,检索功能分为一般检索与高级检索。检索方法也可以分类,以应对不同用户的需要,如标题检索、关键词检索、作者检索、作者单位检索、摘要检索与全文检索等。

三、Logo 设计

Logo 设计,就是徽标或商标设计(见图 7-3)。高校图书馆应该有自己的徽标,而不应该使用学校的徽标。

Logo 设计要简单、明显、醒目。简单的图形、简短的文字、简明的色彩,便于读者记忆与分辨。色彩不宜过多,像国画山水那样,一般不超过三种色彩,给人以简朴优美的感觉。在简短的文字中,体现本图书馆的特色与精神。

图 7-3　Logo 设计一例

四、Banner 设计

Banner 就是产品广告(见图 7-4)。Banner 设计一般采用三种形式,即对称形式、居中形式与一大一小形式。它比 Logo 设计要复杂一些,可以是一条标语、动画,也可以是一幅横的条幅。用人、物、图片与色彩搭配,以显示图书馆的主要特色。文字与图形不可过分复杂而分散用户的精力,宜简单扼要。

图 7-4　Banner 设计一例

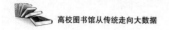

五、E-mail、短信与微信

（一）E-mail

目前的 E-mail 服务,有馆际互借、提供参考咨询服务、图书期刊到期自动催还服务,以及推荐新书刊、讲座、培训、座谈的公告信息服务等。用户的电子邮件信箱,或在图书馆办新证时由用户自己填写,或在图书馆举办活动时搜集,或让用户在图书馆的互动沟通子菜单上填写,或在学校网络中搜索。

（二）短信与微信

短信服务只需读者的手机号,微信服务还需要读者事先互动沟通。它们的优点是:① 信息互动准确,直接由用户与图书馆联系;② 使用方便,无论用户在不在学校,在不在教室、宿舍与食堂,均可以通信,但有时间延迟性;③ 信息无流失性,只与用户互通,不会流失于他人,用户也不会收不到。

第五节　移动图书馆与图书馆空间再造

高校图书馆为了扩展用户服务,除了前述在时间上的业务扩展以外,还要从空间上进行扩展。空间的扩展内容,主要是移动图书馆与图书馆的空间再造。

一、移动图书馆

移动图书馆需要借助电子设备,比如笔记本电脑、手机、iPad、电视机,以及专门建造的图书馆终端。其中,电视机需要具备移动硬盘或 U 盘转接信息的接口。笔记本电脑虽然可以移动,但是体积仍然较大,相对来讲不太方便。手机与 iPad 是对于个人使用而言最为方便的设备。但是限于内存数量,手机接收文献目录尚可,而全面阅读比较困难。专门建造的移动图书馆终端内容丰富,但设备的具体位置是固定的。因此,各种设备都有优点与缺点,要综合考虑,取长补短。

专建的移动图书馆设备应该包括的内容是:

① 馆藏纸质图书、期刊、文献、资料的电子目录的检索与服务;

② 电子数字图书馆的检索与全文阅读;

③ 图书馆与用户之间的互动沟通,以及定点定位服务;

④ 按学科进行的馆藏图书、期刊、文献、资料的导航。

二、学科自动服务设备的设计程序

学科馆员与教师、研究生之间必然往来频繁且有些事务程序相同,因此可以设计一个程序,用机器代替部分重复性的工作。

首先,目前高校图书馆学科自动服务设备只能提供给本校师生。

其次,当前各校师生都有一卡通,进入学科自动服务设备可以自动进行管理。这样,不同的身份可以享受不同的服务。精准服务的目的是节约时间、提高效率,避免用户在不需要的服务中浪费精力。在图7-5所示的程序中,首先要分清校内与校外师生,校外的直接退出,校内的先分清是否为图书馆管理员,管理员是接受、阅读、审查委托单并将其存档的。在不是图书馆管理员的人员中,再分清是不是毕业生,因为毕业生关心的主要内容是有关毕业论文的。除了毕业生,就只有大学生、研究生与教师了。这时再寻找出大学生,而一般的大学生只关心与课程有关的内容。最后留下的研究生与教师,是关心课题研究的。所关心的课题研究,需要分阶段阅读不同的参考资料。这就需要他们列出选题时、科研过程中及结题后所需的不同资料情况。

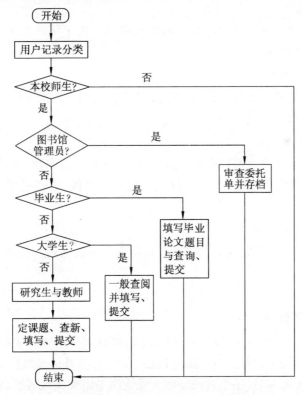

图7-5 学科自动服务设备设计程序

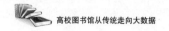

三、图书馆的空间再造

随着信息时代的发展,高校师生一方面越来越需要借阅参考纸质资料,依赖于高校图书馆。另一方面,由于电子检索与电子阅读量迅速不断地增加,师生也不愿意在宿舍教室与图书馆之间频繁奔波,传统的书刊借阅量与阅览室人员数量越来越少。这两个重要因素使得图书馆的空间再造问题被提上日程。于是师生信息共享空间开建,出现了以下几种新建区域。

（一）学习研究区

师生可以自己携带笔记本电脑与手机进入学习研究区。区域中有电源与WiFi,方便他们使用。同时,区域中存放几百种期刊与几千种图书,便于教师备课及学生在学习时参考。可手机拍摄及打字,以便将文字与图片存入计算机。

（二）自助文印机与移动硬盘

图书馆配备扫描仪与彩色打印机,以索取纸质资料。也可以将图书中的文字与图片资料通过U盘或移动硬盘存入自带的计算机,图书馆只收很低的成本费用。

（三）视听区

视听区可以放映馆藏数据库中的电影与电视。为了用户互不干扰,配有专门为用户收听的耳机。

（四）数字阅读区

数字阅读区配备台式计算机,师生可以阅读电子书刊,并且可以带移动硬盘或U盘即时下载。

（五）学术研究区

课题研究相近的教师与研究生,可以借用此区域讨论课题,及时进行相关研究。该区域配有专门的电脑、投影仪,甚至摄像、录像、录音设备,将有用的讨论记录存档。

（六）检索咨询台/室

用户咨询有关的图书、期刊、文献、资料检索方面的问题,图书馆学科馆员予以解答。

四、漂流图书馆间

这是一种空间再造的新形式。先由师生捐出自编图书或阅读后不用的图书。放入漂流图书馆间,师生可以随时借还。师生以"诚信、阅读、分享"为准则,每次可以借阅两本书,一个月内还回。漂流图书馆间无人看管,诚信阅览。此举是为了达到充分共享图书、推动全民阅读的目的。

第八章
高校图书馆的阅读推广

第一节 阅读推广的概念

世界四大文明古国古埃及、古巴比伦、古印度与中国中，前三个国家文明都出现断档，只有中华文明延绵至今。虽然科学界认为，地球上曾经可能出现过三到四次文明，但是只能从一些迹象分析而得出。从考古可知，人类文明已经可以追溯到一百万年前。然而要知道文明的详细情况，则是以文字记载为主。因而中华文明五千年的说法也就应运而生了。文明的延续几乎是靠阅读进行的，因此阅读是文明的最重要、最明显的传承标志。人们一代一代地将文明通过阅读而延续下来，所以阅读是民族文明传承的桥梁与纽带。人才的产生必须经过阅读，当然也必须经过实践。所以阅读是人才进步的阶梯，阅读是学者诞生的摇篮。

"阅读推广"一词来自英文 Reading Promotion。图 8-1 为高校图书馆阅读推广示意图，其中阅读主体也就是图书馆的用户。

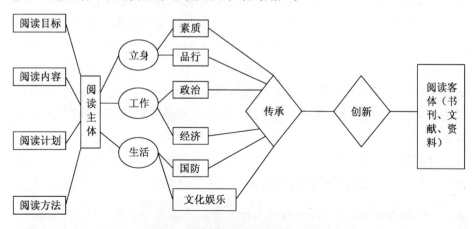

图 8-1　高校图书馆阅读推广示意图

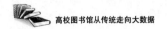

人们的计划性,往往分为几种情况。一种是专家学者型的,有一个中长远的规划,所谓"人无远虑,必有近忧"。另一种是学习较好的学生,至少有一个短期的计划。当然也有临时想到啥做啥而无计划的人,俗话说的"卖铜勺的充军,走到哪儿想(响)到哪儿"就是指这一种人。还有一种是有计划而不能坚持实现的人,所谓"有志者立志长,无志者长立志"就是讲的这类人。图 8-1 中的阅读主体是计划性强或专家学者型的用户,必然会有阅读目标、阅读内容、阅读计划与阅读方法的考虑。

阅读为了什么?首先主要为了立身、工作与生活。立身就是做人,就是德。其次是为了工作,我们工作的目的是为人民服务,只有有工作能力的人都为人民服务了,国家才会富强,民族才会兴旺,人民才能安康。工作种类繁多,大体上可以分为政治与经济两个方面。再次是为了生活,阅读是为了更好地生活,比如游泳、旅游、炒菜做饭、进行体育运动、进行文化娱乐活动等。

阅读实际上是学习前人的经验,因此是具有传承性的。传承的目的是创新,因为只有创新,才能使社会向前发展。用户是阅读的主体,而书刊、文献、资料,包括纸质的与电子的,则是阅读的受体。

第二节　我国古代的阅读

前面说到,距今五千年前有了文字记载,不过那时还是甲骨文、龟背文、钟鼎文、羊皮文、竹简等。然后人类又发明了造纸术,东汉(公元 25-220 年)的蔡伦改进了造纸术。到了隋朝(公元 581-619 年),有了雕版印刷,阅读就更方便了。后来宋代的毕昇(公元约 972-1051 年)发明了活字印刷术。

有了造纸术与活字印刷术,图书这个文字载体就自然而然地出现了。古代人的阅读始于奴隶社会,故阅读仅限于皇家与贵族,老百姓无书可读,基本上是文盲。到了春秋战国时期,诸子百家非常活跃,孔子提倡"有教无类",任何人都可以而且应当阅读,于是把阅读从皇家贵族中推广到平民百姓,阅读的范围也从安邦定国、排兵布阵、治病救人等国之政治、军事、医学向广度、深度发展。

开明的文人纷纷劝导平民百姓加入阅读的行列。韩愈的《古今贤文·劝学篇》是古代人们推广阅读的典型。

枯木逢春犹再发,人无两度再少年。不患老而无成,只怕幼儿不学。
长江后浪推前浪,世上今人胜古人。若使年华虚度过,到老空留后悔心。

有志不在年高，无志空活百岁。少壮不努力，老大徒伤悲。好好学习，天天向上。坚持不懈，久炼成钢。三百六十行，行行出状元。冰生于水而寒于水，青出于蓝而胜于蓝。书到用时方恨少，事非经过不知难。

身怕不动，脑怕不用。手越用越巧，脑越用越灵。三天打鱼，两天晒网。三心二意，一事无成。一日练，一日功，一日不练十日空。拳不离手，曲不离口。刀不磨要生锈，人不学要落后。书山有路勤为径，学海无涯苦作舟。师傅领进门，修行在自身。熟能生巧，业精于勤。

这个劝学文，给后人留下不少名句。

"有志不在年高，无志空活百岁。"这句话是告诫人们工作中要有志向、生活中要有目标。有目标、有计划，才能办好自己想办的事。

"少壮不努力，老大徒伤悲。"是用前人的生活经历来激励后人，一定要努力学习与工作。

"好好学习，天天向上。"几乎每一所小学都挂此标语在墙上，以此鼓励小学生学习。

"三百六十行，行行出状元。"说明任何一项工作，只要好好干，都会混出人样儿来，都有出息，都是为人民服务。

"青出于蓝而胜于蓝。"说明只要认真跟师傅学习，将来会超过师傅，比师傅更有本领，一代更比一代强。

"三天打鱼，两天晒网。"是说有目标还要去坚持实现它。不能一会儿使劲，一会儿不使劲。也就是说："有志者立志长，无志者长立志。"

"拳不离手，曲不离口。"让歌唱家与戏曲家一定要天天练，才能出成果。这句话也可以扩展到各行各业，都要多练本领，才能有提高。

"书山有路勤为径，学海无涯苦作舟。"是一个对阵工整的排比句，前后两句字字对应，为书法家常常爱写的警句。这句话的意思是说，书成堆成堆地搁在那里，好像山一样的高大，你怎么去看它呢。勤奋就是道路，只要有勤奋，再高再大的书堆都可以读好读完。学习虽然面对的是一个无边无际的大海，但是只要能吃苦耐劳，通过渡船，就可以到达胜利的彼岸。

到了清朝，乾隆皇帝让纪晓岚等360位高官与学者编纂的《四库全书》，达到了我国官藏典籍的高峰。该书由3 800多人抄写，耗时13年，分经、史、子、集四部，因而称为"四库"。又因其共有3 500多种书，7.9万卷，3.6万册，约8亿字，基本上囊括了中国古代所有的图书，因而称为"全书"。

为了防止《四库全书》失传，乾隆下令修建七处藏书阁，分别为北京故宫的

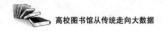

文渊阁、镇江金山寺的文宗阁、扬州大观堂旁的文汇阁、承德避暑山庄的文津阁、圆明园文源阁、沈阳故宫文溯阁和杭州圣因寺的文澜阁。目前，文渊、文津、文溯、文澜四阁尚存，但部分藏书已经失传与损毁。

第三节　我国近现代的阅读

所谓近现代的历史，可以认为是中华人民共和国成立前100年与中华人民共和国成立后70年的历史。从1840年鸦片战争开始，列强用军舰大炮敲开了中国清朝这一闭关锁国的大门，使中国沦为半殖民地半封建社会。开始虽然还保留科举制度，但也不过是从皇族贵族扩展到少数文人，而绝大多数老百姓仍处在文盲半文盲阶段。

辛亥革命推翻了清政府，五四运动更掀起新文化、新思想、新社会的思潮，也带来了西方的自由、民主、平等、博爱等文明，提倡新学、反对旧学，以数、理、化、文、史、地代替过去的八股文，以学校代替私塾。

一、民国时期的阅读

民国时期，社会一直处于动荡不安之中。经济落后且通货膨胀严重，文化及阅读发展缓慢，人民尚不能解决温饱。但五四运动提倡新生活、新文化的思潮，仍为西方文化进入中华大地开了一个方便之门。学校、图书馆、电影院等文化教育单位，以及报纸、杂志、电影、戏剧等媒体形式相继出现。

时事评论、文艺评论、电影评论、议论民风、小说、散文、随笔、游记、速写、科普文章、短篇译文等的出现，为文化新潮的突出表现。王云五编纂了四角号码的汉语小字典。阅读也因此掀起一个小高潮，文艺大师异军突起，现代画家有张大千、徐悲鸿，电影家有张骏祥、顾而已，文学家有鲁迅、老舍、茅盾、瞿秋白等，教育家有陶行知等。

二、中华人民共和国成立后的阅读

中华人民共和国成立后，中国人民真正地当家做主。当时在我国还有不少文盲，特别是在农村。在政府指导下，全面开展"扫盲"活动，而"扫盲"活动实际上是一个全民普及的文化教育行动，是阅读推广的首要步骤。

这个时期，我国出版了不少文化图书。在政治方面，学习马列主义、毛泽东思想、邓小平理论、"三个代表"重要思想、科学发展观、新时代中国特色社会主义思想是全国人民的必修课。文艺方面，出现一大批思想健康、教育性强的

红色小说,如《红旗谱》《林海雪原》《青春之歌》等。戏剧方面,出现了革命现代京剧,如《红灯记》《沙家浜》《海港》等。电影方面,涌现出很多红色电影,如《开国大典》《辽沈战役》《纪念白求恩》《上甘岭》《翠岗红旗》《建国大业》《建党大业》等。

第四节　国际上的阅读

一、国际上的早期阅读

古代的巴比伦,即今天的伊拉克,在幼发拉底河与底格尼斯河之间有一个美索不达米亚平原。当地人发明了世界上第一种文字,称为楔形文字。从而巴比伦成为世界文明古国之一。

楔形文字基本上是用图形表示的,但是图形难以表达更多的意思,特别是难表达与实物关系不大的抽象的事物。后来图形转变为表意文字,后来又转变为音节文字。其记忆符号也渐渐地向字母转变。故而世界上先后出现了希腊字母与拉丁字母。

古埃及在 7 000 年前就用纸莎草造纸了,当时的图书是用纸莎草造的纸卷起来的,故称为卷轴。它类似于中国书画家的书画作品经过裱字画之后的卷轴。

早期的阅读仅限于皇家贵族与教堂的神职人员,广大人民基本上是文盲。直到欧洲仿制了活字印刷术之后,阅读才从皇家内苑与教堂中解放出来,流行于老百姓之中。18 世纪,德国进行了阅读革命,至今德国尚流行着阅读这一良好习惯,为德国工业的精细发达打下了良好的基础。

二、美国的阅读情况

1776 年 7 月,美国发表《独立宣言》,到现在不过 240 多年,其历史十分短暂。但由于两次世界大战都没有涉及其本土,且在战争中美国获得了不少财富。特别是第二次世界大战后,由于德国被打垮,受伤严重。物理科学的重心也从德国转移到美国。美国成为 GDP、科学与军事均领先的国家。所以美国发起现代阅读推广就不足为奇了。

1800 年 4 月 24 日,美国在独立 24 年之际,成立了美国国会图书馆。这个图书馆很快成为世界上藏书最多的图书馆之一。

成立于 1876 年(即美国独立 100 周年)的美国图书馆协会,是美国图书馆的专业组织,总部开始设在费城,之后搬往芝加哥。

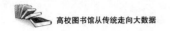

1953 年,美国图书馆协会发布《阅读自由宣言》,宣扬让老百姓自由阅读,不受种种限制,图书馆向人民开放,使普通民众有阅读的机会。

1984 年,美国国会图书馆除了芝加哥总部中心,还分别在美国 52 个州成立州立图书馆中心,同时对阅读推广做得好的州立图书馆中心进行嘉奖。

美国的阅读推广活动,距今已有 30 余年,期间进行了一系列的有关活动,如"国家图书节""一城一书活动""词汇之河比赛""文学通信比赛"等。

第五节 建立与发扬阅读推广的思想理念

一、阅读推广的宣传学思想

"书中自有黄金屋,书中自有颜如玉。"这是我国传统图书中常见的一句话。在重男轻女的封建社会,常以金钱美女来吸引男人阅读,使他们迷恋于书而始终不渝。从现在的观点来看,仅仅靠一句广告词,就能吸引人们走上文人学者之路。而一旦进入书中之后,就能够"秀才不出门,尽知天下事""上知天文,下知地理"了。这就是宣传导向的作用。

国家的一切大政方针和政治、经济、文化,人们的一切生活、娱乐,都离不开宣传,离不开扩散。

宣传媒介可以分为传统宣传媒介与现代宣传媒介,后者也可以说成电子宣传媒介。前者如图书、报纸、杂志、其他纸质资料等,后者如 E-mail、微信、QQ、微博、短消息等。

这些媒介传递的是知识,因此宣传学的重要基础是知识。所谓文人、学者,是指掌握丰富知识的人。旧社会科举制度中,要通过考试后才能称为文人,如通过乡试称为秀才,通过府试称为举人,通过国试称为进士。现在,人们从小就开始学习知识,进入小学学习一般常识性知识,进入中学学习理论知识,进入大学结合专业进一步地学习理论知识。过去,在大学里面,讲师以上称为高级知识分子。所谓知识分子,是指其掌握的知识比一般人多一些,这些知识需要通过学习获得。学习的过程,也是宣传的过程。作者通过媒体把知识传递给读者,老师把知识传递给学生,报告人把知识传递给听众,这是一种知识传递的过程,也是一种宣传的过程。

有没有生下来就已经掌握知识的人?没有。所以一切知识全是靠学习与宣传而得到的,当然也有通过自己的实践获得的,对学生与读者来说是学习,对媒介来说是宣传。也就是说,一切文化知识都是通过后天获得的。

阅读推广的表现形式可以用 5W 来表示。5W 常用于管理学。这里的 5W

分别是：Who，即阅读推广的主体，也就是阅读抓住推广的主办方、组织者、发起者、指挥者。What，即阅读推广的内容。Whom，即阅读推广的对象、读者、用户。Which，即阅读推广的渠道。What effect，即阅读推广的效果、作用。

二、阅读推广的教育学理念

教育是人才的摇篮，教育是社会发展的基础，教育是一切精神文明与物质文明的传承，教育是民族发展的强大武器。

没有教育就没有文明，更没有文明古国。古印度、古巴比伦、古埃及与古代中国，都十分重视教育。中华五千年长盛不衰的重要因素之一就是重视教育。

（一）我国古今教育家

我国古今教育家非常多，最有代表性的是孔子和陶行知。孔子是中国最具影响力的思想家、教育家之一，也是世界上最早的教育家。孔子毕生贡献于伟大的教育事业，他有三千弟子，其中有名的有七十二贤。历代帝王及掌权者对孔子都十分重视。汉平帝刘衎称他为"褒成宣尼公"，北魏孝文帝称他为"文圣尼公"，北周静帝封他为"邹国公"，隋文帝杨坚尊称他为"先师尼父"，唐太宗李世民尊称他为"先圣""宣父"，唐高宗李治尊称他为"太师"，武则天称他为"隆道公"，唐玄宗李隆基封他为"文宣王"，宋真宗封他为"选圣文宣王"，元武宗封他为"大圣先师"，清顺治封他为"大成至圣文宣王"与"至圣先师"，民国时期称他为"大成至圣先师"。

孔子的教育思想不仅受到帝王的重视，也受到全国人民的重视，甚至受到世界教育界的重视。日本札幌大学、俄罗斯乌拉尔大学、秘鲁圣玛利亚大学、佛得角大学等都设立了孔子学院。埃及因夏姆斯大学设有孔子课堂。

孔子的教育理论归纳起来主要有：

① 有教无类。任何人都可以接受教育。这样就会广出贤才，把教育从封建帝王与贵族豪商家庭中解放出来，普及到任何一个平民百姓家里。

② 因材施教。根据每一位学生的特点、性格与能力，施以不同的教育方式，使他们的兴趣与特长得到升华。

③ 三人行，必有吾师。为人要谦虚，不要骄傲，高手在民间。知识的海洋是广阔的，任何一个人都不可能完全掌握它，只有永不止步，多学多问，才能使自己知识丰富。

④ 勤于思考。了解每一种知识的内外联系，才能举一反三，掌握知识的真谛。

⑤ 温故知新。经常地、反复地复习，才能巩固已经学到的知识。

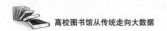

⑥ 不耻下问。学问中重要的一部分是"问"，虚心下问，不懂就问，读万卷书，行万里路，知识才会越积累越多。

⑦ 知之为知之，不知为不知。不能不懂装懂，才能有真才实学。

我国近代教育家陶行知毕业于美国哥伦比亚大学。他也是毕生奉献于教育事业，对我国教育现代化做出了开创性的努力。他提出了完整的现代教育理论，并且在实践中实现了他的理论。

他打破偶像，摆脱教条，破除迷信，甩掉僵化，反对旧教育的"人上人"，提倡"人中人"。他提出以科学的精神研究学问，以审美的意境改造环境，以高尚的道德处理应变。

"捧着一颗心来，不带半根草去。"这是陶行知的至理名言。

（二）教育方式应当用"启发式"与"引导式"

"子不教，父之过。"父母是孩子的启蒙老师。家长的教育方法是影响孩子成长的重要因素。错误的教育方法不仅会造成孩子的逆反心理，而且会导致孩子形成不良的性格、习惯等。家长打孩子，孩子受了委屈，到学校就会去随便打同学。

陶行知看到一个学生要用砖头砸人，立即制止了他，并让他到校长办公室报到。陶行知在调查学生用砖头砸人的原因后，给了学生一块糖奖励他，并说，"我不让你打，你止住了，说明你尊重我。这实际上是一种学会尊重别人的德育教育。"说完，他又给了学生一块糖说，"你按时来了，这实际上是一种遵守纪律的德育教育。""如果你打别的学生是因为他欺侮女生，说明你有正义感"，说完给了他第三块糖，"这实际上是坚持正义感的德育教育。"打人的学生哭了，因为校长不但没有打、骂、罚，反而表扬了他。学生知道自己错了，说："我打同学不对，我再也不打了。"陶行知说他改正错误快，于是给了他第四块糖。陶行知用自己的实际行动，把德育教育渗透到自己的一举一动之中，激发学生自动改正缺点，是货真价实的现代教育家。

可是，大多数家长与老师往往做不到这一点，工作方法简单粗暴。比如，一个学生作业写错了，或者没有按时交作业，老师就罚学生抄 500 遍，这是变相的体罚。孩子抄 10 遍就记住了，写 500 遍没有任何意义，纯粹浪费孩子成长的宝贵时间。体罚式、填鸭式教育方式都是不对的，启发式与引导式教育方式是才正确的。

三、阅读推广的心理学依据

不同的年龄、性别、职业和爱好的人，对于阅读有不同的要求。这与人们的心理活动及精神状态有很大的关系。

（一）不同的年龄对于阅读的要求

儿童对知识有强烈的好奇心与丰富的想象力。遇到任何不懂的东西,他们就要不停地问为什么？有的小学墙上的大标语就写着:"要问怎样为什么,莫说大概差不多。"它就是将儿童的求问心理加以引导,让他们不断探求知识的真谛,而不是半途而废、不求甚解。所以对于儿童时期的阅读,要给予更多深入浅出、通俗易懂的知识,以及家长的言传身教。比如讲故事,阅读童话故事书、连环画、卡通画、科普读物、动植物介绍、工艺品介绍等儿童容易接受的读物。引导儿童接受正确的人生观、价值观、世界观,宣扬正义与善良、正直与勇敢。

孩子们在十二三岁时为半成熟的"危险期",他们对问题的看法似懂非懂,把部分当作整体,把点当作面,有相当的片面性与盲动性。这时候应适当引导他们阅读文学家、科学家的传记,让他们认识这些大师是如何与片面及错误做斗争的;阅读英雄人物的创业史、战斗史,让他们学习如何与敌人、汉奸、叛徒做斗争;阅读侦探小说,让他们知道如何从表象一步步寻求事物的真相,学会去伪存真、由表及里、去粗取精、由简单到深刻。

对于老年人而言,他们数十年摸爬滚打,看了不少黑、白、红事物,明辨不少是是非非,有不少生活的经验教训。少数老年人更是有高级职务与职称,有丰富的学术知识。

对老年人的阅读推广,有以下几种不同的状况:

① 不少老年人,学佛拜佛,成了宗教信徒。居士、善男信女、优婆夷、优婆塞多属于这一类。当然对于个人来讲,宗教信仰是自由的,但对于教育工作者而言,不应该宣传迷信,而应该推广科学。

② 终身从事科学技术、教育或文学艺术的高级知识分子是少数人,他们虽然年龄大了,但仍继续探索科学、文学、艺术的真谛,为实现著书立说之愿望而阅读。

③ 社会奉献者奉献于公益事业,是值得尊敬的人。他们或当志愿者维持公共交通与公共秩序,或捐献款项用于资助贫困学生或救死扶伤,或致力于关心下一代的身心健康。

④ 扩展知识者。他们参加老年大学,学习唱歌、跳舞、绘画、弹琴,学习英语、中外历史,学习计算机、手机应用、视频制作等。

无论以上哪一种,都是老有所乐。除了第一种外,笔者都是提倡的。

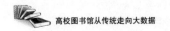

（二）不同类型的人对读书的要求

（1）农民型

由于历史原因，这部分人文化程度较低，属于文盲、半文盲。虽然其中有不少人会用手机阅读电子信息，但大多数仍然只能从电视、广播、报纸中获得一些零星的知识。他们关心的主要是涉农政策，种粮、种菜、科技兴农、农田水利等有关农业知识。

（2）城市平民型

这部分人知识水平稍高，初中毕业生较多，能够关心国家的政治、经济、法律、金融等方面的一般性问题，特别是经济与工资的增长，以及关于岗位培训技术知识方面的信息。

（3）领导干部型

这部分人每天要看新闻联播，关心国家政治、经济、工业、农业、金融等各方面的大事，并常常会有自己的见解、看法与认识。

（4）专业技术型

不同职业的人要求自己深刻了解本专业与本学科知识，特别对于本学科的进展状况，以及新理论、新设备、新工艺、新材料。

（5）学术研究型

这一类人是国家在科学、文学、艺术等方面的精英人才。他们不断地汲取先进理论与先进知识，并在其中一个方面做出一定的贡献或取得一些学术成就。这是与创造性及社会发展有关的一类人，图书馆工作人员应该尽量帮助他们，满足他们的需要。

（三）心理学与阅读推广的交集

心理学是一门科学，人的一切感觉、思考、决策、行为，都与心理学有关。所以，研究好心理学，特别是了解心理学与阅读推广的交集，可以对阅读推广起到推波助澜的作用。

（1）感官与阅读推广的交集

人的五官，眼、耳、鼻、舌、身的感觉，与阅读推广的效果十分配合（见图8-2）。人们常说，对于任何事物与人，第一印象十分重要。所以阅读环境是阅读推广中要重视的问题，不可小觑。比如，光线太刺眼或太昏暗，都不适合阅读。所以，推广机构要考虑绿色的环境，如天花板、周围墙壁、地板，甚至桌椅等色彩的协调及安放位置等要让人感到舒心。总之，要尽量给用户营造一个舒适、温馨的阅读环境。

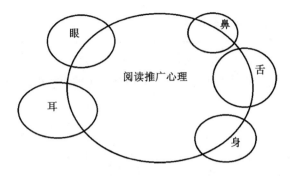

图 8-2　感官与阅读推广的交集

（2）吸引力与阅读推广的交集

吸引力对动物都有重要的影响,熊不吃不能呼吸的猎物,青蛙不食不动的虫子。吸引力对人也是如此。人有时会心不在焉,而有时会注意力十分集中。人们往往感兴趣于大街上围成一圈的人群,凝视消防车与救护车的到来。为什么会忽略一些无关紧要的东西而集中注意力于一点? 原来是人们对一些现象,如鲜艳的色彩、移动的画面、特殊的噪声十分敏感。因此,如果人为地制造这些东西,必然会吸引用户,广告学就是利用了这个原理。

（3）记忆力与阅读推广的交集

人脑的记忆是一个极其重要的生理和心理反应过程。有的人对数字特别敏感,而有的人对色彩特别敏感,还有的人对物体的形状敏感。因此,形状、大小、色彩、嗅觉、味觉、触觉、温度等,都是影响记忆力的因素。

宋代的王安石能够把他书房中的千万本书熟记在心,三国志中的任泽能够一目十行地将一封信记在脑子中。这些都说明记忆力对于阅读的作用很大。同一本书,记忆力好的人阅读得快,阅读得多;记忆力差的人阅读得慢,阅读得少。同样的书,有的人阅读好几遍也记不住,有的人只要阅读一遍就记住了。他们之间的阅读效果差距就非常大了。

（4）需求与阅读推广的交集

需求在心理学上称为动机。要做任何一件事,先有动机,再有计划,然后有行动,最后有效果。当然,对于动机—效果理论,不同人有不同的看法。有人认为,动机效果有可能不一致,比如"好心办坏事";也有人认为,动机与效果是一致的,而且"用效果才能检查动机"。

人们究竟会有哪些动机? 有生理动机、求知动机、安全动机、自尊动机、审美动机、爱恋动机、自我实现动机七种(见图 8-3)。可以从这七种需求上,激发人们的阅读愿望,促进推广全民阅读。比如微信上经常会出现,什么事情不要

去做,做了会有生命危险,这就激发了安全动机。

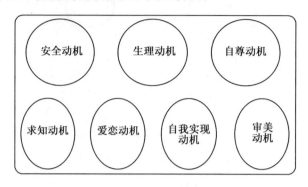

图 8-3　动机的内涵

四、阅读推广与建筑学的协调

党的十六大以来,全民阅读、终身阅读在全国各地蓬勃发展。阅读如果是一件痛苦的事,不但不能服众,更不能动员群众。古有以"书中自有黄金屋,书中自有颜如玉"来吸引读者,这是提倡读书快乐,与提倡"吃得苦中苦,方为人上人"的观点迥异,后者所谓"苦中苦"不对,所谓"人上人"更不对,对的是陶行知提倡的"人中人"。如何做到快乐读书?那就要在建筑学上狠下功夫,以建筑空间构成阅读空间。

建筑空间的作用,起初只是为了遮风挡雨。时至今日,就不仅仅是为了遮风挡雨了,因为山洞也可以做到遮风挡雨。建筑空间需要不同的特色。

根据动机—效果理论,做任何事由动机开始,转而计划、行动,直至效果。它们从内到外地实现,并贯穿着一个"目的"。而阅读推广的目的,是提高全中华民族的文化、道德、素养水平。

为达此目的,必须有各种行之有效的手段。

(1)图文信息的广泛宣传

我们在城市中经常见到 LED 大屏幕,在深圳华侨街区甚至整个一条街的顶篷都由 LED 构成,这是为宣传国内外大事、文化娱乐、体育赛事及推销产品做广告。在新华书店,可以看到软椅、长桌与书架,它们构成了温馨的环境。图书馆大厅的墙上,挂着培训与讲座的海报,名人字画与古董古玩。这些图文信息,是为阅读推广所做的广告信息,是为阅读推广推波助澜的。

(2)吸引读者的"磁石"

目前新华书店的作用,已经不仅仅是过去的卖书而已了,还肩负着党与政府给予的阅读推广的任务。因此凡有条件的新华书店,都有若干个阅读小区,有专门的阅读空间。有的在夏天布置竹椅阁楼,在阶梯处布置温馨小屋。墙上有阅读相关的宣传,沿壁有分类书架。这些布置对读者具有很大的吸引力。即便部分读者只阅读而并不购买图书,也受新华书店员工的欢迎。

（3）挽留用户,坐下阅读

温馨的环境,引人入胜的宣传,舒适的桌椅,柔和的灯光,有趣的书刊……这一切会使喜欢阅读与要求阅读的读者忍不住坐下阅览,流连忘返。

最后,解释一下阅读推广空间及其子空间(见图8-4)。图中,阅读推广空间是主菜单,设为 A。第一子菜单,设为 B,包含 5 项,其中 B_1 = 图文查询,B_2 = 图书推荐,B_3 = 推广活动,B_4 = 分布引导,B_5 = 图文宣传。中间上方的 4 个方框为第二子菜单,设为 C,其中 C_1 = 检索空间,C_2 = 阅览,C_3 = 藏书,C_4 = 公共活动。右方的 11 个方框为第三个子菜单,设为 D。

第一子菜单中的 B_1 = 图文查询,只有一个第二子菜单,即 C_1 = 检索空间。第一子菜单中的 B_2 = 图书推荐,有 3 个第二子菜单 C_2 = 阅览、C_3 = 藏书、C_4 = 公共活动。而第二子菜单中的 C_4 = 公共活动,有 4 个第三子菜单 D_1 = 门厅、D_2 = 陈列厅、D_3 = 报告厅、D_4 = 休息室。

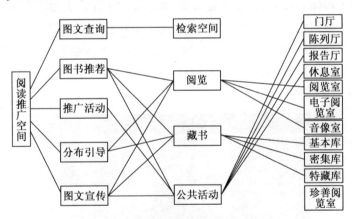

图 8-4　阅读推广空间及其子空间

第六节　阅读推广的体制建设

习近平总书记曾不止一次地讲述他与图书的不解之缘,并号召大家尤其是领导干部要“爱读书、勤读书、读好书、善读书”,因为“读书可以让人保持思想活力,让人得到智慧启发,让人滋养浩然之气”。

习近平在 2014 年 10 月 15 日文艺工作座谈会上的讲话上说:“我年轻时

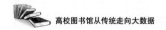

读了不少文学作品,涉猎了当时能找到的各种图书,不仅其中许多精彩章节、隽永文字至今记忆犹新,而且从中也悟了不少生活真谛。"

2018 年 4 月 19 日,江苏省召开全民阅读活动领导小组(扩大)会议。中共江苏省委常委、省委宣传部部长组长王燕文指出,"全民阅读活动和书香江苏建设正步入发展黄金期。……办好江苏阅读节、江苏书展等示范阅读活动,不断丰富和探索更多更好喜闻乐见、鲜活生动、富有感染力的全民阅读活动,使活动接地气、冒热气、聚人气。"

一、政府起阅读推广的主导作用

在重要的事务上,政府一定要起主导作用。只有政府负责与政府主导,广大人民群众的积极性才会得到充分地发扬与普遍地提高,时间上会更持久,效果上会更深入。

总书记牵头,各级、各类政府负责,把全民阅读提高到国家战略高度,是全民族文化、道德、素质提高的重要大事。

2018 年,黑龙江省举行了"书香中国—黑龙江读书月"活动。电台、电视台和报刊等媒体开设专题、专栏或专版,对《黑龙江省人大常委会关于促进全民阅读的决定》进行了深入宣传和解读,促进全社会形成共识。

据中国经济网统计,2016 年 18 周岁以上成年人综合阅读率达 79.9%,同年国民人均阅读量 7.8 本(见图 8-5);17 岁以下未成年人图书阅读率达 85%,人均 8.34 本(见图 8-6)。

图 8-5　成人阅读

图 8-6　儿童阅读

阅读是实现中华民族伟大复兴中国梦的重大活动,要以各重大活动、重点工程、重要项目为抓手,办好读书节、读书周、读书月、读书季活动,要在各单位进行建立"书香之村""书香企业""书香之家"的活动(见图 8-7)。

图 8-7　书香之家——咖啡屋阅读

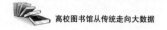

二、政府的主导责任

政府的主导责任主要体现在以下几个方面。

（一）加强文化管理，统一协调阅读服务

从中央党政到各省、各市，都要加强文化管理，避免各地区、各行业各自为政，避免条块分割与形成行业壁垒。资源集中使用，克服重复建设、低效操作。公共图书馆、学校图书馆、单位图书馆、行业图书馆、新华书店，甚至有的饮食文化商店，都要组织广泛的阅读。加强宏观调控，减少审批手续，加强政府监管与群众监督。

（二）重视法律法规建设与全面统筹

法律法规建设并不是用来强迫老百姓阅读的，而是给全民阅读作环境保证的，包括在行政方面给予保障，给全民阅读开绿灯，而不是开黄灯，更不是开红灯。在法律法规的保证下，社会力量可以理直气壮地支持阅读，集中资源，供给恒定与稳定，使环境更利于阅读，使各部门、各单位、各行业、各企业持续阅读。

这样的全局安排能保证设施良好、统筹兼顾、计划性强、秩序井然，让全民更加自觉地养成良好的阅读习惯。

（三）在教育理念上狠下功夫，变被动阅读为主动阅读

几十年来，教育部门、校长、老师与家长把孩子局限于应试教育之中。孩子功利性地为了考试成绩而阅读，与考试无关的书就不去阅读。他们这样被动地学习，不但知识面得不到拓展，而且心情也不愉悦。在少儿未成年时就应培养好读书理念，使他们自觉地阅读，从小热爱阅读，不为老师、不为家长，而是为了丰富自己的知识，为立人之本。

启发孩子的阅读兴趣，可以从连环画、故事书开始。无论是文、史、地，还是艺术，都能使他们意识到阅读是一种快乐，进而意识到阅读是一种需要。除了柴、米、油、盐、酱、醋、茶以外，更要琴、棋、书、画、诗、酒、花，而要做到琴、棋、书、画、诗、酒、花，就必须把阅读放在重要的地位。

（四）让少数人的阅读，成为普遍人的阅读

阅读不普遍、不均衡，一直是一个缺陷。从类别而言，知识分子阅读量最大，其次是各级行政人员，而商务人员阅读较少，普通工人更少，农民最少。从地区而言，京、沪、广、深等大城市，阅读量大，资源也特别丰富。东南沿海地区，阅读条件比老（革命老区）、少（少数民族地区）、边（国家边界地区）、穷（山区与贫困地区）地区强得多。

这种状况必须改变，扶贫包括扶教育，扶教育包括扶阅读。应该与普遍义务教育一样,把阅读推广、全民阅读作为一项持之以恒的战略部署。

（五）在财政经费方面给予长久保证

增加在全民阅读方面的投入,包括环境、设施、仪器设备、图书方面的投入。减少阅读推广中产生的税收,使新华书店与书商有合法的收入,包括行业、企业用于阅读推广方面的设施、仪器设备及图书方面的减税。

鼓励捐书。对于人们已经阅读过的旧书,凡有再利用价值的报纸杂志,不要只当废纸卖掉,而应当捐献再利用,以扩展阅读资源与增加阅读用户。

鼓励建立小区阅读书屋与农家阅读书屋,使阅读推广走进工厂,走进居民小区,走进农村的村镇小区,走进山区、边区、少数民族地区与贫困地区。要想从根本上脱贫致富,就要掌握农业科学技术,而要掌握农业科学技术,就必须阅读大量的农业科学知识。

鼓励社会力量为阅读办好事、办实事。鼓励他们为阅读环境、阅读设施、阅读设备与阅读图书捐款捐物,以及当阅读志愿者,帮助管理阅读方面的问题及解决人力的需要,为全民阅读及阅读推广做贡献。

致力于扩大阅读场所,如飞机场、火车站、长途汽车站、汽车枢纽站、地铁站、公园、游泳池、宾馆饭店等人员等待且聚集的地方。应当加设长凳长椅,便于人们利用一切空余的时间,形成普遍阅读与随时阅读的习惯。

三、挖掘一切社会力量,用于阅读推广活动

目前国家经济本就存在国有、集体与私营三块,其中绝大部分集中于国营与私营两大块。所以不仅要依靠政府,也要利用私营这半壁江山。鼓励各私营企业的法人及个人捐资、捐屋、捐设施、捐书,用于阅读推广的公益性行为。

涉及公益阅读推广的市场,应当免去税收。在阅读推广的活动中,也要充分听取阅读用户的意见,及时调整阅读推广的方式及阅读推广的内容,以更好的效果为读者服务。

第七节　阅读推广的立法建设

没有规矩不成方圆,法律法规就是约束任何中华人民共和国公民行为的依据。在中国特色的社会主义制度下,无论政治、经济、军事、外交、内政,皆需要以法律法规作为行为准则。党的十九大指出,新时代的特征就是我国社会主义主要矛盾已经转化为人民对日益增长的美好生活需要与不平衡不充分发展之间的矛盾。日益增长的物质文化需求,需要更丰富的精神文化生活。经

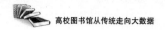
过中国人民 70 年来的努力,文化方面的法律法规虽有一些,但与政治、经济、军事、外交、行政方面的法律相比,还仅仅是初级水平,相对落后。不仅数量少,档次也有待提高。

一、国家级文化法律法规

2016 年 12 月 25 日,第十二届全国人民代表大会通过《中华人民共和国公共文化服务保障法》。这是由全国人民代表大会制定的我国第一部有关社会主义文化的法律法规。

在该保障法中,提到了文化设施的建设与管理,如何提供公共文化服务,保障设施与法律责任。这些公共设施是全面的,有图书馆、博物馆、文化馆、科技馆、纪念馆、体育馆、工人文化宫、青少年宫、妇女儿童活动中心、老年活动中心、乡镇街道村社综合文化服务中心、农家(职工)书屋、公共阅读栏(屏)(见图 8-8、图 8-9)、广播电视台、公共数字文化服务点等。有时,增加阅读设备(见图 8-10),创建温馨小屋(见图 8-11),以改善阅读环境。

图 8-8　经典影视欣赏

图 8-9 优秀党员海报

图 8-10 阅读丰采显示

图 8-11 温馨小屋

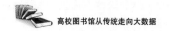

在该保障法的第五章中，特别提到了法律责任。擅自拆除、侵占、挪用公共文化设施与玩忽职守、徇私舞弊、管理不善的单位负责人与个人要负法律责任，并给予相应的处分与罚款。

该保障法具有首创性，因而意义重大。从此，为阅读推广找到了法律上的依据。近年来，在"两会"上，代表与委员曾经多次写提案，建言献策。如 2013 年有 115 位政协委员联名提出《关于制定实施国家全民阅读战略的提案》。《全民阅读促进条例》已经于 2017 年 6 月实施。

中国国家领导人也十分重视全民阅读。李克强总理 2017 年 4 月 19 日在国务院常务会议上说："一个国家养成全民阅读习惯非常重要，而这与公共图书馆密不可分。"当天的会议上通过了《中华人民共和国公共图书馆法（草案）》。草案中明确了政府加强公共图书馆建设的责任和鼓励社会力量参与的要求。

李克强总理说："以色列这个国家虽然很小，但在创新方面一直走在世界前列。为什么呢？因为以色列平均几千人就有一个公共图书馆。……我们虽然是世界第二大经济体，但在公共图书馆建设方面仍然任重道远。"

二、省级文化法律法规

虽然有了《中华人民共和国公共文化服务保障法》，但是它是在公共文化的较高层次上，关于全民阅读，目前还没有一个全国统一的法律法规。就如工业产品的标准化出台方式一样，先有一个研究所的标准化文件，称为"所颁标准"，后来就有一个全行业的标准化文件，称为"部颁标准"，再后来才有"国家标准"。

《江苏省人民代表大会常务委员会关于促进全民阅读的决定》于 2014 年 11 月 27 日第十二届第十三次会议通过，于 2015 年 1 月 1 日施行。主要内容如下：

（1）促进全民阅读，应当培育和践行社会主义核心价值观，继承和发展中华优秀传统文化，传播有益于社会文明进步的科学文化知识；遵循政府引导、全民参与、公益普惠、平等便利的原则。

（2）县级以上地方各级人民政府应当将促进全民阅读纳入国民经济和社会发展规划，确定工作目标、任务和措施，将其公共设施建设纳入城乡建设规划，将工作经费纳入本级财政预算；将促进全民阅读工作作为江苏基本实现现代化指标体系考核，以及社会主义精神文明建设和现代公共文化服务体系建设的内容。

（3）全民阅读活动领导小组负责协调本行政区域内促进全民阅读工作，其成员单位按照各自职责共同做好促进全民阅读工作。领导小组办公室设在本级新闻出版行政主管部门，负责日常具体工作。

（4）县级以上地方各级人民政府应当统筹相关专项资金，安排相应资金用于促进全民阅读。鼓励公民、法人和其他组织向公共阅读服务场所捐赠图书等阅读资料和相关设备。鼓励、支持成立全民阅读公益基金会，依法接受公民、法人或其他组织捐赠。

（5）地方各级人民政府应当根据本行政区内人口规模、分布和服务需要，合理设置公共图书馆和农家书屋、社区书屋、职工书屋等公共阅读服务场所，支持实体书屋建设；加强阅报栏（屏）、书报亭标准化建设，保护和利用阅读文化遗存，并明确管理和维护的部门、单位和人员。

（6）建立和完善全民阅读在线服务，推进公共图书馆数字资源、阅读信息服务资源、公共图书馆阅读服务平台等共享网络建设，支持网络书店发展。鼓励和支持种类数字化阅读新技术的开发和应用。

（7）每年4月23日为"江苏全民阅读日"。省人民政府每年举办"江苏读书节"，定期举办"江苏书展"。

（8）地方各级人民政府及其有关部门应当组织建立全民阅读兼职推广员队伍，在公共阅读服务场所开展全民阅读指导和服务，培养全民阅读兴趣和习惯。

（9）新闻出版行政主管部门依法加强对出版活动的监管，净化阅读环境。

（10）公共图书馆应当为公众提供良好的阅读环境和便捷高效的借阅服务，优先采购优秀读物，免费向公众开放馆藏阅读资源，积极开展阅读推广和专业指导。除用于收藏的珍贵古籍、重要资料文献外，公共图书馆的图书应当实行开架借阅，并定期流转、补充和更新。

（11）公共阅读场所及设施实行免费开放。车站、机场、地铁、公园、宾馆等公共场所应当提供有效阅读条件。

（12）地方各级人民政府应当高度重视培养未成年人的阅读能力和阅读习惯。建立家庭、学校与社会相结合的促进全民阅读工作机制。

（13）地方各级教育行政部门应当有针对性地开展学校阅读教学评估和教师阅读指导技能培训，指导学校将阅读纳入相关课程和教学考核，保证每周有适当课时用于阅读教学。

（14）报纸、电台、电视台、期刊和新闻网站应当设立阅读栏目、节目、时段和版面，普及阅读知识和方法，宣传阅读典型，开展阅读评论，刊播公益性阅读

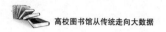

广告,及时发布全民阅读活动领导小组推荐的优秀读物,引导公民树立终身阅读理念。

（15）公共阅读服务场所应当为老年人、残疾人阅读提供便利。解决特殊困难家庭、外来务工人员及其子女、农村留守儿童在阅读方面存在的特殊困难,满足其基本阅读需求。

（16）省全民阅读活动领导小组应当建立全省全民阅读调查评估制度。

（17）有关单位和部门对全民阅读促进工作中做出突出贡献的单位、家庭和个人,给予奖励。

（18）地方各级人民政府或有关部门不履行本决定所规定职责的,由上级或本级人民政府责令改正;逾期不改正的,对直接责任人和有关责任人依法给予处分。

第八节　阅读推广的媒体建设

阅读推广需要媒体。媒体或媒介是联系作者、译者与读者的桥梁与纽带,或者说是文字、符号与信息的携带者。随着科学技术的日益发展,媒体的形式越来越多（见图 8-12）。

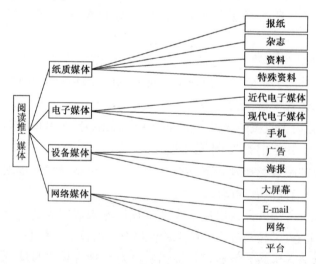

图 8-12　阅读推广的媒体建设

图 8-12 中把阅读推广媒体大体分为四类,作为一级子菜单。这四类分别是纸质媒体、电子媒体、设备媒体与网络媒体。本节重点介绍纸质媒体。

纸质媒体也可以称为传统媒体,因为中华文明中,绝大部分的阅读材料是纸质材料。在这个一级子菜单中，又可以细分成报纸、期刊（或杂志）、资料与特殊资料四个二级子菜单。

（一）报纸的阅读推广

公元前 60 年，古罗马的恺撒大帝用白色木板告示于民，这是世界上最早的报纸。中国最早的报纸是唐代的"邸报"。1837 年，中国近代创办发行的第一份报纸是《东西洋考每月统纪传》。1872 年创办的《申报》，是历时最长、影响最大的报纸。民国时期，国民党创办了《民报》。后来，中国共产党创办了《光明日报》与《人民日报》。

目前，报纸的特点有以下几点：

（1）大面积性

报纸的纸张版面大，《人民日报》是 2 开本，《参考消息》是 4 开本。

（2）易保存性

图书馆往往把报纸装订在一起，方便师生查阅。

（3）影响面积大

报纸内容涵盖国内外发生的大事，包括政治、经济、军事、外交、国防、工业、农业、商业、安全、环保、野生动物、天文、地理、气候等方面，以及对这些大事的评论，工业、农业、商业等的广告。

（4）读者广泛性

由于报纸价格不高，因此购买者众多。

（5）宣传性与知识性

大事让老百姓知道得及时与广泛，当然宣传性较强。阅读报纸者，必须掌握 3 000~5 000 个常用字，如果碰到生字可以及时查阅字典，以增加文字知识，又可以由此了解工、农、商、金融等科学原理。

（6）专业性与针对性

部分报纸的专业性与针对性强，例如报纸的科技版，老年保健养生版，防骗、防盗安全版等。

（7）吸引力强

报纸有的图文并茂，有的生动形象，有的风趣诙谐。其对大政方针的评论深入浅出，颇受广大读者的欢迎。

报纸的阅读推广要注意以下几个问题：

（1）针对性要强

不同专业及不同年龄的人，需要的信息不同，使用、购买、订阅的报纸也不同。各单位及各行业订阅报纸时，要认真加以选择。

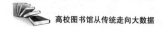

（2）版次版面选择性要强

用报纸选择专业与产品时，要认真考虑选择不同的版面与版次，重要信息选择头版，次要信息可选择后面的版次。重要信息要选择版面大些的，次要信息不需要选择版面过大的，因为版面大了价格也随着增加。

（3）消息要及时准确，文笔要短小精悍

文章要图文并茂、生动活泼，以吸引用户，提高效率。

（二）杂志的阅读推广

杂志，有时也叫期刊。严格地说，杂志与期刊是有区别的，杂志具有流行性，英文名称为 Magazine，而期刊具有学术性与专业性，英文名称为 Journal。核心期刊，必然是学术性与专业性较强的期刊，不应该称为核心杂志。期刊与杂志，都是成册出版的印刷品。期刊分周刊、半月刊、月刊、季刊、半年刊、年刊等。杂志有不定期的，也有定期的。凡是定期的，都有先后次序。这里把它们划为同一类，也就是都在二级子菜单之内。

杂志（期刊）的特点如下：

（1）专业性强

不同专业的人，或不同年龄的人，有订阅不同期刊或杂志的倾向。其中研究所订阅的期刊，专业性特别强。笔者曾经去过一个半导体研究所，其中英、俄、德、法、日的原文半导体杂志就有 300 余种。期刊性质往往与单位或企业所在图书馆的性质有关。研究所的图书馆专业性强于大学的图书馆，而大学的图书馆专业性强于中小学的图书馆与公共图书馆。

（2）发行面广

这是各个图书馆杂志（期刊）的共同特点。无论是用传统的活字印刷排版，或是现代化的激光制版，都需要一定的数量才能够降低成本与价格。所以必须要考虑有足够的用户，只有携带的信息量大，才能够扩大受众面。

（3）印刷质量高

杂志（期刊）所用纸张与报纸用的新闻纸不同，大多使用双胶纸，图像的光点数多、精密度高、艺术性强。

（4）分类精细，对口性强

每个行业不一样，隔行如隔山，读者各有各的喜爱。

（5）对象固定

人们往往会一直订阅某种期刊（杂志），除非改变工作与职业。

（6）保存期较长

正常情况下，图书的保存期长，期刊（杂志）的保存期虽然比不上图书，但是比报纸的保存期要长一些。

另外,对于杂志(期刊)的阅读推广要注意以下几点:

(1)根据阅读面决定杂志(期刊)的周期时间间隔

阅读面特别广的可以采用周刊,其他可以根据需要选择半月刊、月刊、季刊,甚至半年刊与年刊。总之,要因事、因人而异。间隔时间过长,满足不了用户需要,造成供不应求;间隔时间过短,则供过于求,造成浪费与亏本。

(2)专业性、学术性期刊要考虑深度,符合科学性与客观规律性

例如,核心期刊在理论上应有深刻的见解,特别是理工科期刊,要在基础知识上上升一个高度。实验科学要有实验的科学性,仪器设备要精良,分析对比要到位。

(3)吸引力

吸引力与刊载方式有关,可使期刊(杂志)在市场中站住脚。人们都说市场是一把双刃剑,有残酷无情的一面,也有机遇的一面,就看人们对市场的分析、了解、掌握与决策正确与否。

期刊(杂志)产生于17世纪的法国。当初只是介绍图书的小册子,相当于现在的导读或书评。开始是一种原始的与不定期的杂志,后来才慢慢发展成现在的样子。其深度和广度都不可同日而语了。

从深度上,学术性、专业性的期刊有的已经闻名于全世界。比如,在第二次世界大战前,由于很多物理界的重要人物在德国,如爱因斯坦,所以当时德国的物理期刊 Physik(德文)作为物理学家的首选。第二次世界大战以后,物理学的著名人士好多都去了美国,美国的期刊《物理评论》(*Physics Review*)就成了世界物理学界的首选。如果上海交通大学的教师能够在物理评论上发表文章,可以获得特殊的奖励。

(三)核心期刊的阅读推广

核心期刊不仅代表期刊的水平,有时也代表行业、研究所、大学,甚至地区,国家的水平。

衡量一所大学的水平,目前有以下几种方法:综合排名法,诞生官员(出现过几个总统、总理、首相、主席)排名法、效益(每年产生多少经济价值)排名法、学术排名法。其中,学术排名法有时与核心期刊有关。2019年,U. S. News官方发布的美国十大名校为麻省理工学院、斯坦福大学、哈佛大学、加州理工学院、芝加哥大学、普林斯顿大学、康奈尔大学、宾夕法尼亚大学、耶鲁大学和哥伦比亚大学。

美国曾经研究过中国理、工、医科大学的排名。由美国十大名校各派出

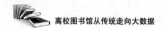

20名教授,这200人翻阅中国公开发表的理、工、医科期刊,寻找出7种标志性期刊,它们是《中国科学》《科学通报》《数学学报》《物理学报》《化学学报》《中华医学杂志 A》与《中华医学杂志 B》。然后按这7种标志性期刊发表的作者数目来作中国大学的排名,排名中就有北京大学、中国科技大学、复旦大学、南京大学、浙江大学、上海交通大学等。这里不讨论排名方法的正确性,这是仁者见仁,智者见智的事,但至少说明了核心期刊的巨大作用。

（四）双重择优统计法

前面美国对中国大学排名所采用的统计方法称为双重择优统计法。由于这种统计方法经常使用,因此这里专门介绍一下。

双重择优统计法有三个要素。

（1）需要统计的对象

与统计对象相关的事物称为评估标的物。比如前面提到的评估标的物是中国大学的排名,对象就是中国的大学。

（2）参与评论者

前面提到的例子中,参与评论者是指美国十大名校的200名教授。当然这200名教授不是中国邀请的,而是美国为了了解中国学术界的情况而挑选的。

（3）评估参照物

前面提到的评估参照物是7种中国的标志性核心期刊。这个参照物很重要,如果参照物选择错了,评估就毫无价值了。所以一定要是担得起重任、确实是举足轻重的标志性核心期刊才行。

20世纪80年代,苏联援助我国的项目中,北京某电子管厂为了研究电子管的新产品并确定什么是电子管的质量标准,建立了第十二研究所,并研究出了测量电子管性能的仪器。当时电子管测量仪与电子管都没有测量标准,如何确定电子管性能的技术标准？这里就需要用到双重择优统计法了。这里要统计的对象是电子管,评估参照物是第十二研究所研制的电子管测量仪,参与评论者是工程师、技术员与技术工人。首先,测量电子管的各种数据时发现,其他数据都达标且相差不大,只有跨导与漏电流有较大的差别。于是,大量测量电子管 6N1P 后,按其质量的高低分成四个类别,分别是军用品、一级品、二级品与等外品。这样,仪器的质量标准与电子管的质量标准就同时确定了。

第九节　阅读推广的人员建设

前面已经说过,阅读推广既是世界大势所趋,也是中国特色社会主义深入发展的必然趋势。党中央、国务院对阅读推广十分重视,江苏省已经率先制定了阅读推广的法律法规。任何事情总需要有人去干,从阅读推广的管理,到阅读推广的组织,再到阅读推广的宣传,以及阅读推广的执行,都必须有一支坚实的队伍。这个队伍要普及、要提高,就要培训,因而阅读推广的人员建设是一个重要课题。

一、阅读推广人的意义

身体的最小组成单元是细胞,阅读推广是由人组成的,不妨就称其为阅读推广人。管理、组织、宣传、培训、进行全民阅读推广的人就是阅读推广人。

更进一步说,阅读推广人的出发点是公益行为,应当把阅读推广事业当作一个终身的目标。这些人应当具有阅读推广的专业知识,可以是政府工作人员、图书馆管理人员、老师、书店工作人员、饭店工作人员,甚至可以是国际友人。所以,不同国籍、不同年龄、不同身份、不同职业的人都可以作为阅读推广人,只要他们可以帮助我国公民提升阅读能力与养成阅读习惯,为全民阅读推广活动做出贡献。

二、阅读推广人的组成

(一) 有关党政机构的组成人员

首先是党政机关,从党中央、国务院到省、市、县、乡(镇)各级政府,只有党政机构抓紧抓实,群众的积极性才会长盛不衰且不断提升档次。党政齐抓,才会在法律法规、行政保证、政策落实、资金扶持、人员配套方面开绿灯,"读书节""全民读书月""读书活动日""小区书屋""农家书屋"等才会坚持下去。

(二) 图书馆学的专家学者

20世纪50年代,北京大学就有图书馆学系,专门进行图书馆学方面的教育与研究。中国大学的排名,政府一般是不参与的。参与排名的有北京高校图书馆、中国人民高校图书馆与中国社会科学院图书馆,很多大学都首推北京高校图书馆。大多数大学也赞成由北京高校图书馆推荐的核心期刊。我国藏书量最大的图书馆是北京图书馆,其次是中国科学院图书馆,第三是北京高校

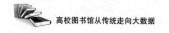

图书馆。

阅读推广的活动是从 2015 年由中国图书馆学会发起而开始的。因此阅读推广的主要阵地是图书馆,而图书馆学会必然是阅读推广活动的最重要的学术团体。我国图书馆学会成立于 1925 年,当时隶属于中国科学技术协会。

（三）图书馆的工作人员

图书馆既然是阅读推广的主要阵地,图书馆工作人员自然而然地应当是阅读推广这个阵地的主力军。各个图书馆现在已经逐步配备了主管阅读推广的专职人员,参加阅读推广的培训班,掌握阅读推广方面的动向,了解阅读推广方面的适时信息,不断地总结阅读推广方面的新方法、新经验、新体会。同时也培养了一批阅读推广方面专业性强、技术过硬、经验丰富的人才。

（四）大中小学教师

阅读推广是一种学习,阅读学习只有两种方式,一种是向老师学,一种是自学。阅读虽然主要是自学,但由于老师在学习上是先于学生一步的,而且老师们都有一个体会,学十遍不如教一遍。因为给学生一杯水,老师必须先有一桶水。而且学生提的问题是千奇百怪的,在回答学生的这些问题时,老师本身也就得到了提高。所以老师是天生的学习能手。

青少年时期是头脑十分活跃的时期,所有人的记忆力与理解力都是在大中小学的学校中得到培养与升华的。教师是引领学生学习的,"教不严,师之惰"。教师肩负着指导学生学习与阅读的重任,必然是阅读推广的重要力量与组成人员。

（五）父母兄姐

阅读需要从娃娃抓起,儿童与少年是阅读推广的重要培养对象。父母是孩子最早的辅导老师,父母兄姐在家庭中对孩子的指导作用是不可替代的。一个家庭中,如果父母重视阅读,其子女也会重视阅读,这就发挥了家庭是社会细胞的作用。一个好的阅读推广人,必然能带动一个好的阅读推广家庭。

阅读过的书再利用,定时定点开展捐书活动,也是对阅读推广活动的重要支持(见图 8-13)。

为了减少管理人员的负担,在高校与市区,可适当增加自动阅读设备(见图 8-14)。

图 8-13 捐书活动

图 8-14 镇江市京口上河书房阅读推广自动办证机

（六）阅读推广志愿者

任何事情都要有人来完成。除了政府、学术团体、图书馆、学校、家庭成员外，阅读推广还需要热情的志愿者，包括民间组织、公益组织、社团及其他志愿人员。他们共同宣传带动阅读推广活动，才能使阅读推广掀起更大的波澜。

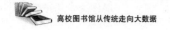

三、阅读推广人水平的提高

阅读推广是一项国家战略,是提高中华民族思想道德水平、精神素养、组织管理能力、社会团结、公共交际能力及学术专业水平的大事。教育者必须先受教育,管理者必须先学管理,阅读推广人必须首先在这几方面有所提高,才能担此重任。

(一)阅读推广人的思想水平建设

效果从行动来,行动从动机来,动机从思想来。要有坚定正确的政治方向,才能做好一切事情。我们的政治方向就是马克思列宁主义、毛泽东思想、邓小平理论、"三个代表"重要思想、科学发展观,以及习近平同志的中国梦。

我们做的一切是为了建设中国特色的社会主义,是为广大人民服务。而阅读推广人在坚定正确的政治方向指导之下,在阅读推广方面必须高度负责,有强烈的事业心,积极认真地工作,时时刻刻想阅读者之所想,急阅读者之所急;发挥创造性与主动性,加强服务意识,加强与阅读者的沟通与交流,把阅读者看成"上帝",热情微笑服务,克服阅读者的心理障碍,耐心、细心、及时、准确地回答用户所提出的各种问题。

(二)阅读推广人的道德建设

我国的教育方针,一直强调德、智、体、美、劳,永远将道德放在第一位。先德后才、德才兼备才是有用的人才。古人说,"聪明用于正途越聪明越好,聪明用于邪途越聪明越坏。"具体来讲,在道德标准方面要做到以下几点。

(1)遵纪守法

首先要遵守《中华人民共和国宪法》与一切有关法律法规。在阅读推广方面,要带头遵守《中华人民共和国公共文化服务保障法》《中华人民共和国公共图书馆法》《全民阅读促进条例》等。

(2)尊老爱幼

要尊敬、尊重老年人,关注老年人的身体特点与行为特点。爱护少年儿童,扶老携幼。

(3)文明礼貌

不说脏话。工作中提倡说普通话。熟记并实际运用五句话,即"早上好""您好""谢谢""对不起""再见"。

(4)热爱本职工作

特别要热爱阅读推广工作,牢记自己的工作职务与责任,时时刻刻想到把阅读推广工作抓紧抓实。

（5）学无止境

提高自己在阅读推广工作中的专业水平，每一位做阅读推广工作的同志都要多读书、读好书。多动脑子钻研如何更进一步做好阅读推广工作，向阅读推广工作做得好的单位与个人取经，学习有效的阅读推广工作的管理经验。

（三）阅读推广人的能力建设

（1）组织管理能力的建设

做好宏观统筹、把握全局，做好规划与计划，时刻了解执行情况，加强评估与监督，时刻关心与处理阅读推广活动中出现的新问题。

（2）沟通与公关能力的建设

凡有人存在的地方，就有沟通与团结的问题，沟通好、团结好，才能事半功倍。遇事不耻下问，先问后答，先了解问题再处理问题。多倾听读者用户的反馈意见。反对先入为主，反对主观主义，赞成有事调查研究。训练自己的逻辑思考能力与语言表达能力。提高谦和度，增加感染力。

（3）学术与专业水平的提高

阅读的目的不是为了描述，而是为了提高，要求不断地探索新路子，这样才能脱颖而出。就像新产品一样，要做到"人无我有，人有我好，人好我转"，争取永远走在阅读推广活动的前列。

（4）创新能力的建设

阅读推广人不仅要会阅读，会推广，会学习，更要会创新。只有创新，才能打开局面，社会才能进步。不能万事只会模仿，依样画葫芦，而是要有自己的工作特色。也就是说，阅读推广工作要"进得去，出得来"。"进得去"指深入工作之中，"出得来"指搞出工作特色。要不同于古人，不同于现代人，也不同于过去的自己，不断地摸索、不断地创新。

四、阅读推广人队伍的管理

20世纪70年代，改革开放之初，我国派了一些专业人士到美国哈佛大学学习管理学。因为当时哈佛大学的管理学世界闻名。

《哈佛管理学》一书语言生动、点评经典、案例鲜活。书中先讲战略规划、战略技巧，企业如何增长，困难如何战胜。再讲领导能力，作为领导，不要躺在过去的功劳簿上。不要独断专行，也不要只相信部分权威，而要群策群力。要诚信，要持久地创造，要认真思维，要做好战略决策。要时时考虑群众的利益，克服偏见，知人善任。要重视监督、评估与反馈意见。中层管理应当是教练而不仅仅是一个赏罚者。对中下层的抑制创造力的行为一定要去打破障碍。反

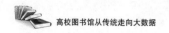

对内耗,加强团结。不断挖掘、发现、协助与培养创造性人才。任何一个团队,管理好了就会比平常发挥出几倍、甚至十几倍的工作效率。

（一）指挥者

指挥者是阅读推广活动的带头人,一个团队的带头人是非常重要的。带头人首先要忠诚于阅读推广事业,忠于自己的职守,认真执行党与国家关于阅读推广方面的大政方针,认真熟悉并遵守法律法规,服从上级领导的统筹安排,领会上级领导的意图。具有过硬的阅读推广方面的学术水平与专业知识,有战略决策能力与较强的组织领导水平。以身作则、埋头苦干,教育指挥别人,首先要教育指挥自己。一事当头,认真思考,发现问题,提出问题,解决问题,并指导下级及广大阅读推广人员去做。不但自己要成为内行,也使中下层及阅读推广人,人人成为内行。

（二）中下层干部

中下层干部是承上启下的,是指挥者与广大阅读推广人之间的桥梁与纽带。他们必须是业务骨干,会上情下达与下情上传,能掌握第一手资料,善于调查研究。熟悉业务、埋头苦干、诚信正直。遇事冲锋在前,带领各自的队伍去面对困难,争取胜利。

（三）督察人员

中下层干部本身也是督察人员。另外,有些人不适合当领导但业务水平很高,他们也可以是督察人员。督察人员必须公道、正直,动态地掌握阅读推广活动的各种情况,并能一针见血地解决问题,适时地提出合理化建议,时刻把握阅读推广活动的正确方向。毫无疑问,孝顺父母是应当的事。但是,古代人在宣传孝道时,有二十四孝的提法。在这个提法之中,有一个"郭巨埋儿"的故事。这个故事是荒诞的、封建迷信的,当然也是不可取的。如果不加选择地宣传二十四孝就是完全错误的。

（四）信息反馈人员

广义地讲,每个阅读推广人都有信息反馈的义务,但是为了保证信息反馈源源不断,有时需要专职人员。这样的人不需要太多,但是要具有调查研究能力、公关能力与综合分析能力。在信息爆炸的时代,信息就是价值,信息就是效率。随时随地掌握信息,取得成功就会事半功倍。有用的信息对于阅读推广的决策、阅读推广的日常管理和阅读推广人对用户服务水平的提高及管理水平、管理质量的提高都是至关重要的。

（五）阅读推广的基层服务人员

所有管理者、执行者、信息反馈者,都要把自己看成是阅读推广的服务人员。弗吉尼亚商学院院长约翰·罗森布拉姆曾说过："领导可以有自己的看法，每个下属也都各有自己的看法。……作为服务型领导，其核心是开诚布公，不抱成见，并能够吸取和选择下层人员提出的意见，必要时，要为之提供服务。"

　　领导者不应该高高在上，而应为人民服务，善待下属，为下属服务。布置工作、检查工作、总结工作，要动之以情、晓之以理，说服教育，而不是压服。使用压服的方法，往往是口服心不服，工作的推动就会困难重重。只有口服心服，工作才会无往而不胜。

第九章
互联网时代对高校图书馆阅读推广的影响

第一节　互联网时代高校阅读推广的必然趋势

一、高校图书馆的生存发展需要阅读推广

一个效益差、利用率低、不能很好为用户服务的图书馆是难以为继的。因此,助跑阅读推广活动,培养大学生的阅读习惯,提高大学生的文化修养水平,是高校图书馆始终不渝的职责。

二、阅读推广是高校校园文化建设的需要

图书馆是高校阅读推广的主阵地,是大学生获得除课堂知识以外的主要来源。作为高校,提高每个大学生的文化素养,以达到教书必先育人的目的,进行文化建设十分必要。而提高文化素养最直接的方式,就是开展图书馆的阅读推广活动。这是高校中其他任何部门所无法取代的。发掘高校大学生对阅读推广的潜力,增加他们对阅读的兴趣,使得他们接受阅读,以达到涵养德行,教书先育人的目的。

三、阅读能引导大学生建立正确的人生观与世界观

大学生在阅读的过程中,会从自发到自觉,不知不觉地净化自己,把一切社会现象,从感性认识向理性认识上升。帮助其了解所处城市的历史、本校校史、国史乃至世界史等。通过对古今中外人物及历史发展过程的了解,明辨是非,建立正确的人生观与世界观。

第二节　互联网时代高校图书馆阅读推广状况

一、图书馆阅读状况

（一）图书馆利用率先降后升，呈马鞍形

以镇江高等专科学校为例，2017 年之前，无论是年总流通人次和年日均流通人次，均呈逐年下降趋势。每学期递减约 1 400 人次，按每学期五个月、每月四周计算，周次递减约 600 人次。2017 年进行阅读推广以后，阅读人数有所恢复。原先只有大桌加木椅的图书馆阅览室，现在变成了温馨小屋，不但增加了沙发座椅，还配备了电子设备、能量补充站等，室外见水低头看书（见图 9-1）。师生可以在舒适的环境中阅读、讨论、研究。

图 9-1　舒适的图书馆环境

（二）大学生阅读构成

从近年统计数据看，大学生阅读主要包括文学阅读、专业阅读与休闲阅读。其中文学阅读一直是单项冠军，占总阅读量的 26%，语言、管理、科技、音乐、美术加起来占 53%，休闲阅读占 10%，其他类型占 11%，如图 9-2 所示。

图 9-2　高校大学生图书阅读结构

二、阅读推广专门机构需要加强

当前，阅读推广工作是高校图书馆的职

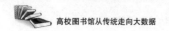

责之一,每年在读书日之前就应该认真做好思想与物质准备。临时动员全体图书馆工作人员来应对,年年一窝蜂、次次来脉冲。临时抱佛脚不但不能有效完成工作内容,而且不能总结经验教训,长效机制不足。

三、阅读推广评估管理与评估人员不足

评估管理有待进一步优化。统计参与者数量、在场官员级别高低、宣传资料发放数、电视报纸是否众多等表面指标数据常常作为成绩的主要依据,更加科学的、多点观测的、立体的、长效的、全面的考量还有待加强。

四、阅读推广缺乏创新,效果评估做得不够

阅读推广定期循环往复运行,仍要考虑如何更好地对学校、对地区文化做出更大的贡献。目前,不少高校仍把阅读推广活动的方案设计在开展程序上,没有对阅读推广做深入系统的评估,缺乏校际交流,没有进一步反映大学生阅读推广的真实需求。

第三节　大学生阅读特色

一、阅读目的趋于短视

目前大学生课程庞杂,必修、选修、辅修,外语、计算机等,课堂占用时间多,阅读消化时间少,加之学生为了今后的工作,参加各种证件考试,又用去了一部分课间阅读时间。社交环境的"向钱看"思想常与"就业艰难"交锋,使阅读目的趋于短视,不顾长远。

二、爱好阅读轻松而不用动脑的读物

严肃性读物与专业性读物要下苦功夫阅读,而言情、武侠、玄幻小说充斥着电子阅读市场,阅读起来轻松而不用动脑,故而受到部分对自己要求不高的大学生的青睐。

在与业务有关的本校大学生的阅读倾向调研中,前两名为文学类图书与英语类图书,分别占26%与18%。专业类图书为未来工作所需,文学类图书是兴趣爱好。

三、新媒体的层出不穷,导致"速成式""简单阅读"普遍化

随着智能手机的普遍使用,网上免费阅读的小说与视频越来越多,内容五

花八门,但大多数不是严肃阅读与专业阅读,不过仍然吸引了不少大学生阅读或观看。阅读的深度与合理的广度,往往让位于阅读的泛泛及阅读的速度。"快餐式"阅读迅速接近主流,目前按时间总量计,浮浅阅读量不低于深度阅读量,大学生群体也成了浮浅阅读的主力军。然而在急功近利的复习考试阶段,明显地仍以深度阅读为主。

(一)自主阅读时间少

大学生中每天课外阅读时间在 3 小时以上者仅占 5.76%,基本上不阅读的学生占 11.7%,其余学生阅读时间在 3 小时以下。近年来,随着阅读推广活动的开展,学生的"自身惰性"有所改变。

(二)电子阅读逐渐成为时尚

互联网的快速介入,使笔记本电脑、iPad、Kindle、电子阅读器等移动阅读工具日益扩展,多渠道产生电子信息,部分学生甚至可以使移动网络阅读接近主流地位。微博、微信、QQ、短消息等互动交流平台更让学生阅读跨入微时代,阅读碎片化、粗略化、游戏化、新闻化、平民化、去专业化逐渐成为主流,而需要沉下心来阅读的纸质阅读却受到了冷落。然而,随着阅读推广的深入,纸质阅读仍将长期存在。

(三)读书取向个体化和复杂化

学生们阅读的内容庞杂,不同的个体喜欢不同的内容,男生喜欢军事与武侠小说,女生喜欢服装与美妆,甚至神怪灵异小说。费神的专业学习之余,用高质量的休闲、娱乐类读物来解闷,可扩展知识、涵养德行。经济管理、英语、计算机课程等与工作相关度高的图书也可以引发学生的阅读兴趣。

第四节　互联网时代高校图书馆阅读推广活动的思考

一、纠正服务理念,认真对待浅阅读

无论纸质书刊还是电子阅读软件,都是服务平台。浅阅读与深阅读各有千秋,都应受到重视,不断地改进以适应用户的阅读习惯,使其轻松愉悦地阅读,乐在其中。

二、安排深浅阅读区,适应各种阅读需求

图书馆中可以安排各种深浅阅读区,满足不同的阅读需求。休闲区放置休闲桌椅、轻松愉快的读物、上网设备,让用户在阅读环境中不断地提高学习的兴趣与层次。

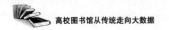

三、由表及里地开展导读服务

图书馆可以利用现有的人员、设备、场所潜力,开展专题讨论与辩论、专题演讲、著作评论、大学生作文竞赛,树立正确的人生观、世界观等,引导学生从浅阅读习惯中走出来,向深浅并重的阅读过渡。

四、整合信息资源,提高浅阅读效率

图书馆要将数据信息资源加工、组织、归并,根据不同用户的实际需要分门别类,便于快速检索,从而提高浅阅读的效率。

第十章
高校图书馆区块链技术的应用及创客信息服务

第一节 区块链技术的概念与信息整合

一、区块链技术的概念

区块链是在互联网之后出现的一种连接技术,它没有工作站,只形成一个链。链中各个计算机的计算与存储是分布式的。除了私密节点外,所有计算与存储信息在链的各节点上共享(见图10-1)。

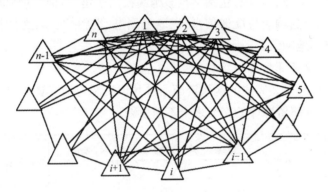

图 10-1 区块链节点示意图

二、区块链技术的特点

在图10-1所示的区块链接点示意图中,每一个节点都与其他节点相连接,图中节点 $1,2,3,\cdots,i-1,i,i+1,\cdots,n-1,n$ 之间的连线全部画出来是为了看得更清楚,其他一些连线可以省略。

区块链出现至今只有 10 多年的时间,最早是由日本学者 Nakamoto 于 2008 年 11 月提出来的。

区块链具有如下特点:

① 它没有中心工作站,只有各个节点。

② 每一个节点都在进行计算与存储。

③ 除了一些私密的、授权不公布的节点外，每一个节点都开放式地与其他所有的节点相联系。

④ 每一个节点都有相同的权利与义务。

⑤ 任意一个节点，当它在计算过程中得到 50% 的节点确认时，便可以加入这一结构。

⑥ 它是基于因特网中的分布式数据存储与共识系统。

区块链技术被认为是在互联网出现之后的人类社会的又一项创新技术。2018 年被认为是它的应用元年，在商业、金融业、服务业、信息业领域已经得到方法应用，这里主要介绍其在教育领域的应用。

三、区块链模型的四层结构

对照图 10-2，这里介绍一下区块链模型的四层结构。

（一）网络资源信息存储层

各种类型的教育资源，包括学校教师高校图书馆、培训管理机构所提供的信息，以及用户的响应与反馈信息，以电子图书、视频、图片、文件等形成数字化信息送到本地网络资源服务器。

（二）网络资源信息连接层

该层将已经封装完成的区块资源通过共识机制与加密算法等形成区块互联组，并在与网络资源库的交流之中不断更新。

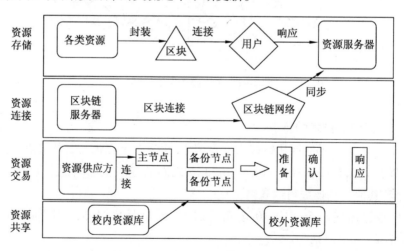

图 10-2 区块链共享模型结构示意

（三）网络资源信息交易层

按照节点的排序,依次对各节点进行验证,在验证中确认并响应。随后,系统将验证后的节点的数据信息备份到区块链中的所有节点。这样,依次在区块链上的每一个节点记下了整个区块链上各节点的所有数据。在此时按时间先后顺序同时记下版权与归属权。这样一旦发生纠纷,所有节点全部是法律意义上的证明人。

（四）网络资源信息共享层

校内资源库与校外资源库采用树枝状拓扑学结构,保存来自各节点的数字化信息,同时进一步提高数字化资源信息的查询速度。

从图 10-1 中各个节点的标定与次序,以及图 10-2 中的时间记录（又称时间戳）和版权归属权的记录可以知道,保密与安全从一开始就自然形成了。任何一个节点的拥有者,如果篡改和伪造某种信息,则立即可以从其他 $n-1$ 个节点中找出他所篡改的内容。所以每个节点都是监测者与校对者,这也就保证了数字化教育系统的安全性与可靠性。

四、信息的交集及信息的重合与整合

假设节点 i 所包含的信息量为 A,节点 j 所包含的信息量为 B,则有以下五种情况:

（1）图 10-3a 中,$A \wedge B = \varnothing$,即 A 与 B 的交集是空集。信息总量为 $A \vee B$,或 A 信息加上 B 信息。

（2）图 10-3b 中,$A \wedge B \neq \varnothing$,只取 $A \vee B$,去掉 $A \wedge B$ 中重复的部分。

（3）图 10-3c 中,$B \subset A$,只取 A 即可。

（4）图 10-3d 中,$A \subset B$,只取 B 即可。

（5）图 10-3e 中,$A = B$,取 A 或取 B 均可。

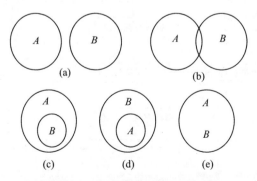

图 10-3　各节点共享信息重叠情况

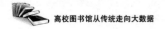
第二节　高校图书馆信息共享模式与均衡化

一、信息的整合与应用过程

从资源提供方获取信息之后,首先要使每个节点负责人有共享思维的观点,接受共享思维教育,思维向共享的方向转变。

封建社会有一些思想,例如"只此一家,别无分铺""传男不传女",这些思想是与共享思维格格不入。只有共享思维建立了,整个社会才会一起进步,才能形成浩大的声势,体现集体的力量。所以必须克服资源垄断的思想,同时也要加强数据的安全性。如图 10-4 中信息资源共享均衡结构的左上角部分。

在获取数据的同时,必须加强数据的配制与整合能力。图 10-3 中所示的五种情况,最后的结果就是一种整合局面。这样,把这些数据资源挑选出来,就建立了数据资源的共享数据库。

共享数据库包括安全共享数据集合、共享数据信息配置、共享数据资源配置技术及共享资源信息。

图 10-4 中间部分,是数字资源的存储方,首先要建立数字资源共享平台,同时要建立共享信息资源标准化制度,在此基础上提取所需求的数据信息与数据库信息一起进入匹配检查。

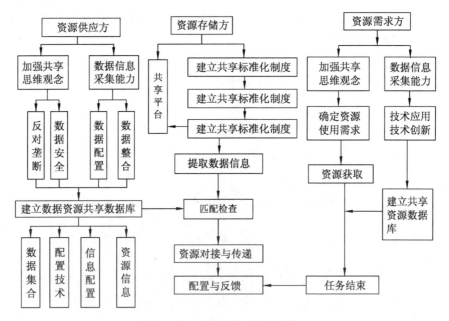

图 10-4　资源信息共享均衡化

检查完的信息,进入资源对接与传递,然后一边配置一边获取反馈信息,当用户获取资源后完成此项任务。

用户为数字资源的需求方,他们也需要有共享资源的思维观念与采集数据的能力。辨别并确定需要哪些资源,在应用上有所创新,在进入共享资源信息库的同时,也就获取了所需信息。

二、数字化信息资源共享模式

图 10-5 是基于区块链技术的数字化信息资源共享模式。

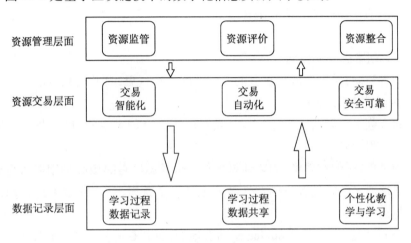

图 10-5　区块链技术信息共享模式

该模式分三个层面,这三个层面是互通的,也是相互影响的。数据记录是基础层面,包括学习过程的数据记录、学习过程的数据共享,以及个性化的教学与学习。这里,个性化的学习是指特殊需要的学习及理解较弱的用户的重复学习。资源交易层面为中间层面,包括智能化、自动化与安全可靠三个内容。资源管理层面为高级层面,包含监管、评价与资源整合。

第三节　教学与学习的大数据与智能化

一、教学与学习的大数据

学校教师、远程化网上教学、培训机构、学校管理机构与高校图书馆的所有数据构成原始大数据,或称初始数据。而学生与学习用户,要根据兴趣爱好、学习习惯来筛选,教师要因材施教,精准教学,适度筛选数据。筛选后的数据,构成数据教育教学信息资源大数据。

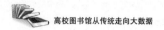

二、系统在运行过程中的智能化

区块链的教学体系运用、传输、交易过程,是自动按次序、按程序进行的。交易记录随时进行,并且是安全、可靠、保密的,根本无法进行篡改与伪造。用户根据个性、兴趣爱好、学习习惯,选择自己的学习方式,属于精准服务。选择过程同时也是自动化交易的过程,自动提取、自动交易、自动结束,所以整个过程当然也是一个智能化的过程。

第四节　高校图书馆的创客思路

一、创客思路的概念

创客空间,是指社区化运营的工作空间。在这里,有共同兴趣的人们可以聚会、社交与展开合作。

北京创客空间成立于 2011 年,是我国第一个创客空间,也是我国创客空间的主要引领者。

创客思路、创客思维、创造性思维是一个意思。它的核心是创造力与动手能力的培养。创客教育与创造性教育也是一个意思,是培养学生进行创造性思维与动手能力。

Think 的意思是想,Thinking 是动态地想,也就是一直在想,即思维。比如 Critical Thinking 称为批判性思维, Logical Thinking 称为逻辑思维, Computational Thinking 称为计算思维,等等。

创客思维是跨界的,是需要不同专业、不同层次的人在一起思考的。通俗地说,创客思维中包含化学专业、物理专业、哲学专业、心理学专业等。这些人针对某个共同感兴趣的问题进行研究、思考。

很多科学的发展,往往需要一个博采众长的思考过程。创客思维,就是用来发现问题与解决问题的。在创客教育中,涉及程序设计、开源硬件、3D 打印等基本功的掌握过程。

创客思维是创客群体在造物与分享过程中养成的一种思维习惯,即面对实践中不断涌现的新问题主动学习、动手、分享,以及将合适的造物结果产品化的一种自觉的思维品质。它是计算思维、设计思维、工程思维与产品思维的总和。

二、高校图书馆创客服务的四个环节

（一）创客服务主体

创客服务主体就是高校图书馆，它是创客服务的主导部分。要推动创客信息服务业务，就要挖掘这些需要的信息，并对这些信息根据用户的要求进行重组与整合。

在实践中，要提取创客信息服务活动的组成要素，分析这些要素之间的相互关系。服务步骤如下：

① 提取创客服务所需的所有信息；

② 找对用于创客服务的信息分析师；

③ 培养能对创客服务项目研究现状与趋势进行数据检索、挖掘、分析的数据馆员；

④ 培养能精确识别创客需求，展开对外联络，及时发现信息服务过程中的漏洞环节的创客馆员。

（二）创客服务客体

创客服务客体即创客服务信息的需求者、用户，一般分为个性化研究的创客服务个体与协作研究的创客服务受众群体。然而在实施过程中的创客服务，往往偏向于用户比较集中的群体模式。因为创客服务往往是跨界的，涉及多学科多层次人员，而一个人的知识是有限的。由各学科的人才组成集团性的攻关组织，解决较复杂的理论问题与技术问题常常容易取得成功。

（三）创客服务方法

创客服务方法是指在创客服务过程中所需要的工具及所采取的策略方针。它受理念、模式、策略与技术手段等多重因素的影响。在服务过程中，往往需要个性化、多彩化、时代化，才能够适应不断地走向科学创新之路。

（四）创客服务内容

创客服务内容是基于创客服务各个阶段之中，利用互联网平台的云计算与大数据来实现的（见图 10-6）。其媒介包括大数据分析公司、计算机传真公司、虚拟现实公司、3D 打印公司、第三方公司、众筹网站及政府有关的职能部门。

（1）创客项目的选定服务

首先需要云计算，根据原有的大数据信息，进行分类、筛选、分析、整合，并且精确地识别创客用户的需求。

其次，分类集合之后，对大数据进一步挖掘、提取、分析，结合目前国内外

所达到的状况,3~5年内国内外可能达到的状况,以及我们能够做到的状况等以帮助创客用户,选定适合的研究对象,并且进行研究立项。

(2) 创客过程的启动服务

多方位地、全面地探讨以保证先进性与可行性,制定好的创客设计方案。

(3) 创客的过程服务

利用云计算,对大数据进行适时调动,并动态调节,以即时、高效地跟上研究步伐,协助任务的管理、执行与进展。

(4) 创客的结果服务

将创客得到的成果,根据市场行情,一方面与生产企业与服务企业合作,另一方面通过专利咨询,进行专利申请与出卖,以获得进一步的创业基金,继续搞好下一步创客服务。

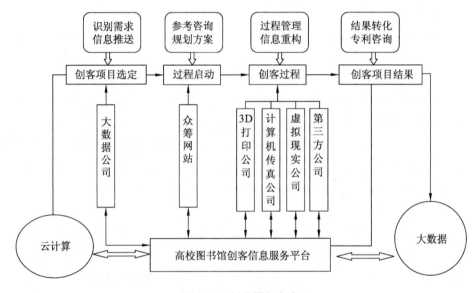

图 10-6 创客服务内容

第五节 高校图书馆创客信息服务模式

一、搭建高校图书馆创客信息服务平台

高校图书馆创客信息服务平台是创客活动的中心载体,它的目的在于为大学生创客群体和创客馆员互相联系而提供一个公关性、共享性、务实性的创意孵化平台。这种平台通过图书馆创客服务的途径,汇聚了社会化服务的信息资源。它一方面可培养学生创客团队的创造力,另一方面将社会化的专业

服务机构、科研机构、地方生产企业与图书馆联合到一起,各取所需。各单位的创客需求聚集在一块,共同研究讨论,把设想者、设计者、研发者与制造者的想法、观点谈出来,让各类人才把总体成果带回去,形成一个开放与共享的生态圈,不仅能促进图书馆的长期发展,而且能促进创业、创新功能的前进脚步。

二、跨界融合与连接互动

创客过程是一个科学研究的创新过程,缩短了过去的研究流程。以前的新产品,往往是研究所提出创意,研究出零星产品后提交使用单位试用,试用合格后交生产单位生产。这个过程周期长且信息反馈慢,各方面的意见得不到即时的交流。现在重塑了研究、使用与制造过程,形成了专业化、社会化的创客服务机构,使科研机构、使用用户、地方企业、图书馆之间,在信息及时、相互制衡、共同促进、沟通交流的过程中,深度融合并连接互动,真正做到研、产、学一条龙。

三、构建从创客到创业的服务生态链

创客就是为创业做铺垫,创客的目的就是创业、创新,所以创客、创业、创新是三位一体、密不可分的。

华为技术有限公司在 2016 年我国 500 强民营企业中勇得冠军。其在2017 年研发类的招聘岗位需要人才可以作为重要参考,见表 10-1。

表 10-1　2017 年华为技术有限公司人才招聘表

职位类别	职位名称	职位类别	职位名称
研发类	网络安全工程师	研发类	IT 应用技术工程师
	解决方案技术工程师		硬件技术工程师
	IT 应用软件开发工程师		芯片与器件设计工程师
	安卓应用软件开发工程师		技术研究工程师
	通信设备软件开发工程师		美学设计
	操作系统开发工程师		ID 与用户设计工程师
	数据库开发工程师		热设计工程师
	云计算开发工程师		结构与材料工程师
	编译器与编程语言开发工程师		资料开发工程师
	产品信息管理工程师		技术翻译工程师
	算法工程师		

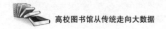
从表 10-1 我们可以见到,除去图书馆与使用单位以外,仅研发所需要的专业,就有各方面的人才,有网络安全工程师、解决方案技术工程师、IT 应用软件开发工程师、安卓应用软件开发工程师、通信设备软件开发工程师、操作系统开发工程师、数据库开发工程师、云计算开发工程师、编译器与编程语言开发工程师、产品信息管理工程师、算法工程师、IT 应用技术工程师、硬件技术工程师、芯片(集成电路)与器件设计工程师、技术研究工程师、美学设计、ID 与用户设计工程师、热设计工程师、结构与材料工程师、资料开发工程师、技术翻译工程师等。

这里仅列出了研发类人员,除了产品研发者以外,还有产品制造者、产品使用者、图书馆等,他们全部都是创客制造者。

四、一站式创客人员的培养

创客需要各方面的人才,高校是以培养人才为主的。大学生参加创客空间活动,可以学习有关创客研究的流程,接触各行各业的知识,对毕业后的工作进行预演,是非常重要的实习操作练习。创客空间活动以创客馆员为中心,通过导师讲座、创客沙龙、创客讨论,对参加创客空间的教师业务、图书馆馆员创客业务和大学生学习水平的提高,都有很大的帮助。

第十一章
智库研究拓展了高校图书情报业务

第一节　智库的概念及其作用

一、智库的概念

所谓智库（Think Tank），也称为思想库，就是智囊机构、智囊团、头脑企业、顾问班子，是专门从事开发性研究的咨询研究机构。它将各学科的专家、学者集中起来，运用他们的智慧和才能，为社会经济等领域的发展提供满意的方案或优化方案，是现代领导管理体制中的一个不可缺少与不可替代的重要组成部分。其主要任务是提供咨询，为决策者献计献策、判断运筹，提供各种设计、反馈信息、为实施方案进行追踪调查研究；把运行结果反馈到决策者一方，便于纠偏；进行诊断，根据现状研究产生问题的原因，寻找解决问题的症结；预测未来，从不同的角度，运用不同的方法，提出各种预案，以供决策者运用。

在当前中国特色社会主义新型智库的建设热潮中，不但需要学习国外的先进经验，也需要从中国传统的语言文化中找到它的根据。

东汉许慎在《说文解字》中说，"智，识词也，从白，从亏，从知。"可见，造字之初，是由白、亏（yu）、知三个构字部件组成的。在历史岁月的沉积中，下部的白和右上的亏，都演变了。从古代汉字造字的六书方法，"智"字属会意兼形声字，表示知识与智慧。

二、世界智库的排名

我国的智库研究在世界上虽然开始得较晚，但是目前已经位列第三，仅次于美国与印度（见表11-1）。

在世界智库的排名中，美国智库数量遥遥领先，几乎占了世界智库数量的一半。这与美国科研实力的强劲及相当长时间 GDP 总量世界第一有关。美

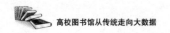

国的智库研究力量也是比较强大的,这在一定程度上也促进了国家的发展。

印度的智库数量排名世界第二,这也对印度的综合实力的增强起了保证作用。但其总量只及美国的 1/3,且智库数量仅比中国多两家,这说明中国智库数量超过印度指日可待,也说明我国在改革开放之后对智库研究相当重视。

表 11-1   2018 年拥有智库数量最多的 10 个国家

名次	国家	智库数量	名次	国家	智库数量
1	美国	1 871	6	德国	218
2	印度	509	7	俄罗斯	215
3	中国	507	8	法国	203
4	英国	321	9	日本	128
5	阿根廷	227	10	意大利	114

三、我国智库排名

我国智库排名有很多种方法,这里只列举综合影响力排名,选取前 20 名,见表 11-2。

表 11-2   中国智库综合影响力排名

智库名称	2017 年排名	2018 年排名
中国社会科学院	1	1
国务院发展研究中心	3	2
中国科学院	2	3
中国工程院	5	4
中国宏观经济研究院	7	5
中国国际经济交流中心	11	6
中共中央学校(国家行政学院)	4、14	7
中国现代国际关系研究院	6	8
北京大学国家发展研究院	12	9
中国国际问题研究院	10	10
中国人民解放军军事科学研究院	8	11
商务部国际贸易经济合作研究院	19	12

续表

智库名称	2017 年排名	2018 年排名
上海国际问题研究院	16	13
中国社会科学院国家全球战略智库	13	14
中国(深圳)综合开发研究院	15	15
国家信息中心	17	16
中国人民解放军国防大学	9	17
中国财政科学研究院	18	18
中国人民大学国家发展与战略研究院	24	19
新华社世界问题研究中心	22	20

在表 11-2 中,我们可以看到,2018 年综合影响力最强的前五名分别是中国社会科学院、国务院发展研究中心、中国科学院、中国工程院及中国宏观经济研究院。这些单位在我国早就是闻名遐迩了,各方面的尖端人才好多都集中于此。

古时候打仗,军队中有军师与谋士,现代有参谋、参谋长,包括国外的军事顾问,他们都是智库所需要的人物,或者叫作智者。不过这些是军事上的称呼,在政治、经济上就是顾问了。智库是一个团队,也可以说是一个顾问团,是智者的集合。

智库研究,就是国家与社会在政治、军事、经济、金融等方面的战略性大事的研究。

第二节 国外智库研究动态

一、国外智库的 25 年

国外智库的兴起,始于 20 世纪 70 年代,至今已有 40 余年。根据美国宾夕法尼亚大学《2015 年全球智库报告》,截至 2015 年底,全世界有 4 846 个智库。其中北美最多为 1 931 个智库,欧洲地区 1 770 个智库,亚洲地区 1 262 个,其他地区 1 883 个。

统计有关智库的学术论文,是研究智库发展情况的重要依据。从图 11-1 可以看出,早在 1991 年就已经出现研究智库的学术论文,不过在 1991—1998 年,每年只有一篇论文,这个阶段是智库研究的起步阶段。当时,智库的研究方向、研究目标、研究内容都没有明确。随着美苏冷战时期的结束及经济全球

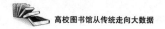

化的步伐加快,国际合作与交流的脚步在加强,智库研究的论文数目也越来越多。

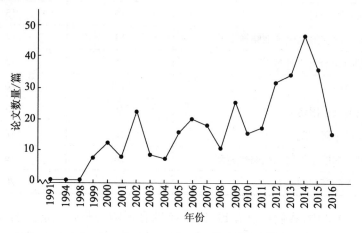

图 11-1　智库研究论文数量年度分布

2002 年智库论文数量出现第一个小高峰。之后的 10 年中,每年智库研究的论文数量均在 20 篇左右徘徊波动,到 2013 年再次增加并且在 2014 年出现新的高峰。

2002 年出现小高峰,是由于美国在 2001 年发生了举世瞩目的"九一三"事件。这是美国本土自从第二次世界大战以来最大的伤亡事件,轰动全球,因此美国对智库的需要激烈增加,并且涉及的国家范围甚广,所以 2002 年有 23 篇有关智库研究的论文发表。在 2002—2012 年间,全球化的趋势处于平稳的发展状态,各种国际性的学术会议频繁召开,研究领域涉及经济、军事、医疗、金融、教育、绿化、环境治理等。

2008 年出现了大面积的国际金融危机,智库研究从自发状态向自觉状态过渡,从零散性研究向专业性研究过渡,从无意识无政府状态向独立于政府之外的专业机构过渡。政府越来越多地需要有关智库机构的咨询、支持与协助。

二、国外智库研究的热门学科

据 SSI 与 SSCI 统计,国外发表的有关智库研究的论文数量,前 7 名依次为政府与法律(government & law)74 篇,公共行政学(public administration)45 篇,国际关系学(international relation)41 篇,企业经济学(business economic)36 篇,社会学(sociology)29 篇,区域研究(area studies)29 篇,教育学研究(educational research)28 篇(见图 11-2)。其他的学科,要么发文量很少,要么甚至没有相

关的论文。

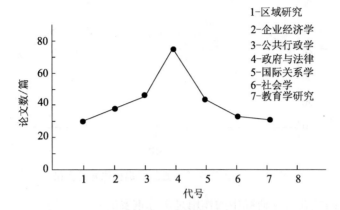

图11-2 智库论文数量按学科代号的分布

所以,从目前的形势看,智库的研究无论从学科和区域的广度上,还是从理论的深度上或实践的资料上都涉足得很少。虽是一个老问题,也是一个新学科。这个学科只是一个起始阶段、待深化阶段、初步阶段。

具体来说,今后在智库研究方面,仍需要做以下工作:

① 智库本身的概念性、理论性研究;

② 对社会、行政、经济、军事、教育、医疗等智库研究,尚需进一步深入与扩展;

③ 智库对上面所说以外的其他方面,要做拓展式研究;

④ 跨学科、多元化的智库研究;

⑤ 智库与各学科之间的关系的研究;

⑥ 智库对高校图书馆的影响,特别是在教育方面智库研究的影响的研究。

三、国外各高校对智库研究的现状

国际上,智库研究论文数量较多的国家是美国与英国。图11-3统计了论文数量前5名的大学。其中数量排名依次是哈佛大学、加利福尼亚大学、伦敦大学、纽约大学与明尼苏达大学。

中国古时候就有"文能安邦,武能定国"的说法。其中,文能安邦主要指的是国家大事需要在制定方针政策时,认真听取智者的意见。而大学是教育与研究的主要场所,更应该在协助国家制定方针政策方面出力。

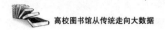

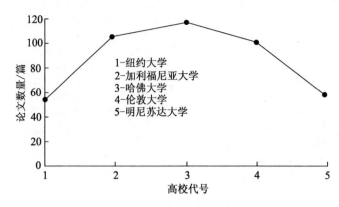

图 11-3　智库研究论文数量随高校代号的变化

因此,高校在智库研究中的作用是十分重要的:

① 智库研究最关键的部分是人才。人口资源、人力资源、人才资源是逐级上升的。要将人口资源变为人力资源,就需要九年制义务教育把文盲培养到初中毕业,从低级思维变得具有逻辑思维能力。而研究不仅要会逻辑思维、辩证思维,还需要创造性思维。辩证思维需要微积分知识,最起码需要中专、大专以上学历。如果人才自觉地具有创造性思维能力,那就需要更高的学历与更丰富的经历了。当然,历史上能创造的人不一定都有高学历,然而时至今日,复杂性特别高的创造性思维,需要更多的知识积累。

② 智库研究需要有专业条件,因为涉及国家的大政方针,没有丰富的知识根本是不可能的,而高校人才济济,得天独厚。

③ 智库研究有时需要形成跨界、跨行业、跨专业的团队,而高校专业人才正符合这个条件。

④ 智库研究中的社会科学部分,所需设备不多,但所需资料很多,高校图书馆符合这个条件,不管是纸质的还是电子的,古今中外都应有尽有。

⑤ 智库研究需要经常碰头讨论,现代图书馆中的温馨小屋可以作为场所。

⑥ 对于跨界、跨行业、跨学科、多元化的智库研究,高校图书馆进行组织联络是很适合的。

综上所述,高校适合搞智库研究,高校图书馆适合组织联络。

第三节　智库的统计学研究及人们所关心的五大问题

一、智库的统计学研究

本章第二节说到,智库研究需要跨界、跨行业、跨学科、多元化。有些智库研究是从统计学的角度进行的。

在自然科学中,物理学可粗略地分为三大类。

第一类是微观物理学。它所研究的对象,线度直径都在 10^{-8} cm 以下,如分子、原子、电子、正电子、质子、中子、中微子、超子、光量子、声量子、夸克等。

第二类是宏观物理学。它研究的是人的眼睛可以看到的物体,其线度直径在 10^{-8} cm 以上。

第三类是统计物理学。它是指微观现象在宏观上的反映。

在社会科学中,个人或某个单位是微观的,而一个省或整个社会、整个国家是宏观的。这里的宏观和微观不是绝对的,而是相对的。比方说地球上的物体可以说是小宏观,只是相对于分子、原子而言的;但是如果地球相对于宇宙这个大宏观而言,地球只是一个宇宙空间的小颗粒,地球就成为微观的了。

由于统计学是一门科学,只有在统计数据精确的情况下,才能真正反映问题的本质。科学规律既然是客观规律,就不应该加入任何主观成分,任何虚报、漏报、瞒报都是不允许的。

智库研究往往涉及国家与社会的大事,属于社会科学。因此,智库所涉及的统计学属于社会统计学。再具体一点,统计人口的,为人口统计学;统计经济的,为经济统计学;等等。

二、人们所关心的五大问题

人们经常议论所关心的五大问题是收入、住房、医疗、教育与养老。

（一）收入问题

收入问题与国家的总收入有关,即首先是 GDP 问题。GDP,也称国内生产总值,是核算体系中的一个重要的综合性统计指标,它反映了一国家或一个地区的经济实力与市场规模。

2019 年世界上最大的经济体见表 11-3。

表 11-3 1999 年的世界 20 大经济体

排名	国家/地区	大洲	GDP/百万美元	排名	国家/地区	大洲	GDP/百万美元
1	美国	美洲	9 665 700	6	意大利	欧洲	1 208 180
2	日本	亚洲	4 432 599	7	中国	亚洲	1 083 279
3	联邦德国	欧洲	2 131 046	8	加拿大	美洲	674 325
4	英国	欧洲	1 518 173	9	西班牙	欧洲	617 582
5	法国	欧洲	1 456 429	10	巴西	美洲	586 863

续表

排名	国家/地区	大洲	GDP/百万美元	排名	国家/地区	大洲	GDP/百万美元
11	墨西哥	美洲	579 460	16	阿根廷	美洲	343 448
12	韩国	亚洲	486 315	17	中国台湾	亚洲	298 757
13	印度	亚洲	466 867	18	瑞士	欧洲	273 548
14	荷兰	欧洲	411 456	19	瑞典	欧洲	258 814
15	澳大利亚	大洋洲	388 868	20	比利时	欧洲	254 504

截至 2018 年,世界上只有四个国家的人均 GDP 超过 100 000 美元。这些国家是摩纳哥(最高,为 166 285 美元)、列支敦士登、卢森堡和百慕大,它们都以吸引富裕的居民及人口非常少而闻名,人口从 38 155(列支敦士登)到 590 321(卢森堡)不等。许多非洲国家的人均国内生产总值都低于 1 000 美元。如南苏丹的人均 GDP 是最低的,仅有 247 美元。

根据联合国和国际货币基金组织的数据,美国拥有世界上最高的 GDP,分别为 20.4 万亿美元(IMF)和 18.6 万亿美元(UN)。第二位是中国的 14.1 万亿美元(IMF)和 11.2 万亿美元(UN)。但是,美国的人口为 3.27 亿,而中国的人口是世界上最多的,为 14.2 亿(尽管差距很大,但美国的人口也位居世界第三,仅次于印度 13.5 亿)。

在全球 GDP 最高的前五个国家中,日本、德国和英国分别为 5 167 050 百万美元、4 211 640 百万美元和 2 936 290 百万美元(基于 IMF 的数据)。许多岛屿的 GDP 非常低。图瓦卢是英联邦国家中收入最低的国家,其国内生产总值为 43 百万美元;密克罗尼西亚群岛的瑙鲁为 114 百万美元;马绍尔群岛为 205 百万美元。这些岛屿人均国内生产总值也较低,从 3 810 美元(图瓦卢)到 10 078 美元(瑙鲁)不等。

2020 年 1 月 17 日,国家统计局发布 2019 年中国国内生产总值为 990 865 亿元。虽然美国的 GDP 位列世界第一位,但是美国的道路在中国走不通。

我国自改革开放以来,GDP 逐年上升(见图 11-4)。从 1978 年改革开放到 1999 年,我国的 GDP 上升到世界第 7 位,2019 年我国 GDP 已经是世界第二位了。

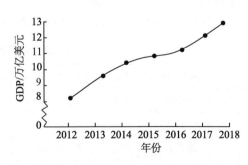

图 11-4　我国 2012—2018 年 GDP

图 11-5 和图 11-6 为近几年来我国城镇化的发展状况。图 11-5 中方块部分是城镇人口,点与线代表城镇化率。正相关表示同时上升。2006 年城镇化率超过 40%,2010 年超过了 50%。所以,城镇化率对于 GDP 的贡献是十分明显的,这是综合发达国家的发展道路所得的结果,值得借鉴。由图 11-6 可看到,1949 年以来我国的城镇化率一直是保持上升的,不过改革开放以前步子稍缓一些,改革开放以后步伐加快了。

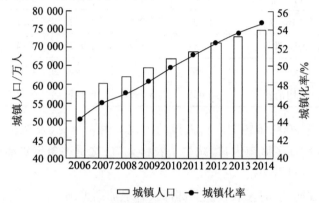

图 11-5 城镇化率与城镇人口呈正相关

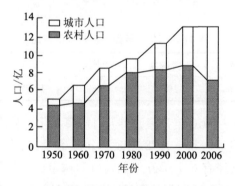

图 11-6 我国 1950 年以来城乡人口分布总体变化

从图 11-4、图 11-5 和图 11-6 可以看到一个现象,即 GDP 的发展与城镇化率有关,而且是正相关。因为我国人口众多,农村户口平均耕地不多,农业生产产值比工业低得多。要使 GDP 上升,首先要实现工业化。而城镇人口以工业人口为主,城镇化基本上就是工业化。所以 GDP 的发展与城镇化率成正相关。

表 11-4 是 1996—2000 年我国城镇人均收入消费与农村人均收入消费的比较。可以看到,1996—2000 年,农民家庭的收入与消费水平只有城镇居民的

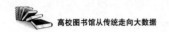

一半,为了提高这部分人的收入,使他们脱贫致富,就必须扩大城市规模,增加城乡的人口比例。

表 11-4　1996-2000 年我国城镇人均收入消费与农村人均收入消费比较

元

年份	1996	1997	1998	1999	2000
城镇家庭人均可支配收入	4 283	4 839	5 160	5 854	6 130
农民家庭人均纯收入	1 926	2 090	2 162	2 210	3 308
全国人均居民消费	2 641	2 834	2 972	3 143	4 019
农民人均消费	1 768	1 876	1 895	1 918	1 901
城镇居民人均消费	5 430	5 796	6 217	6 750	7 038

表 11-5 是 2000 年各国农村人口的占比。由表可见,发达国家之所以发达,是因为其增加了城镇人口,减少了农村人口,这是一条宝贵经验。特别是美国,农村人口只占 2%。

改革开放初期,时任农牧渔业部部长林乎加到美国参观后说,美国一个农民要养活 40 个人,而我国一个人由 40 个农民养活,所以城镇化的重要性不言而喻。

表 11-5　2000 年各国农村人口占比

国家	中国	美国	英国	日本	世界平均
比重	63.9%	2%	7.5%	9.7%	44%

表 11-6 是 1978—2010 年我国城市人口规模变化。从表可见,1978—2010 年,城市人口规模发展较快。1978 年改革开放不久,尚无千万以上人口的城市,而到 2010 年,已经有 6 个千万以上人口的城市。其他所有档次城市人口都有增加,而建制镇的数量甚至从 2 173 增到 19 410,增加了 8 倍多,可谓之发展神速。看准了就干,这是改革开放后经济发展快的一个特点。

表 11-6　1978—2010 年城市人口规模变化

	1978 年	2010 年
城市	193	658
1 000 万以上人口城市	0	6
500 万~1 000 万人口城市	2	10

续表

	1978 年	2010 年
300 万~500 万人口城市	2	21
100 万~300 万人口城市	25	103
50 万~100 万人口城市	35	138
50 万以下人口城市	129	380
建制镇	2 173	19 410

（二）住房问题

我国住房体系中租赁比例偏低,而购房比例偏高,住房自有率达70%。中国租房市场未来需求空间巨大。核心因素就是一线城市和部分二线城市房价高。家庭人口逐年有所减少,也给住房需要增加了压力(见表 11-7)。当前,我国核心一线城市房屋上市价格高达 350 万元,普通家庭购房压力很大,购房年龄已经出现 2~3 年的延后,租赁需求增加。而在未来房价持续上涨的趋势下,租赁需求仍将持续上升。根据各研究院数据,中国租房家庭比例为 11.6%,一线城市也只有 30%的水平,与东京 47.9%、纽约 49.1%、柏林 85.8%相比,还有较大提升空间。

表 11-7　家庭人口规模变化

年份	家庭人口规模/(人/家)	年份	家庭人口规模/(人/家)
1953	4.19	1990	3.66
1964	4.09	2000	3.23
1982	3.91	2010	3.18

我国居民习惯于购房,不习惯于租房,而住房购买价格居高不下是目前存在的一个问题。房价偏高导致购房年龄延迟,几个城市购房年龄延迟情况如图 11-7 所示。支持租赁市场的发展是未来政策的核心。行业痛点被解决,房屋租赁将迎来大发展。在政策支持下,行业痛点正在从根本上被解决:缺乏低成本土地和房源,导致营利难;融资渠道尚不完善,难以大规模扩张。一方面,中央政府推进的农村集体用地建设租赁用房和地方政府推出的低价租赁用地,大幅提升租赁土地和房源供给,将租金收益率从不足 2%的水平有效提升至 6%左右,极大地增加了多方主体参与的积极性。另一方面,金融产品加速落地,保利地产更是试水国内首单租赁。此外,银行推出租金贷,加大对行业

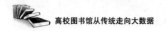

的支持力度。

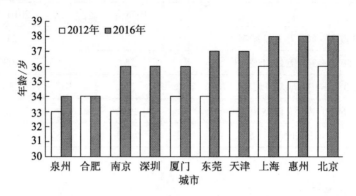

图 11-7 城市购房年龄延迟情况

（三）医疗问题

1949 年以来，我国的医疗工作取得了长足的进步，这是众所皆知的事实。之前我国的医疗事业很不发达，妇女生孩子等于过一个生死难关。我国有名的妇产科医生林巧稚，把接生的婴儿死亡率降为百万分之五，取得很大的成就。医院病床数也大大地增加。

目前，我国的医疗质量排名为世界第 48 位，已经取得了很大的成绩，但与排名先进的国家相比，仍然有不小的差距（见表 11-8）。这说明，在医疗方面，中国仍然有很长的路要走，事关人民的健康与幸福，必须始终不渝，再接再厉。一方面要提高医疗水平，另一方面在大病交费方面，国家要根据 GDP 水平的提高，给予人民更多的福利，直至全民免费治疗。

表 11-8 全球医疗质量排行榜

排序	国家或地区	排序	国家或地区
1	冰岛	8	瑞典
2	挪威	9	意大利
3	荷兰	10	安道尔
4	卢森堡	11	爱尔兰
5	澳大利亚	12	日本
6	芬兰	13	奥地利
7	瑞士	14	加拿大

（四）教育问题

1949 年以来，特别是改革开放以来，我国人民的教育水平得到了很大的提高。表 11-9 为高中生、大学生占全国人口的比例。从表可见，仅 2000—2016 年这 16 年，大学生比例增加了 5 倍，高中生翻了一番。中国已经实现了九年制义务教育，少年儿童普遍得到了比较良好的教育，教师人数与学生人数都大大地增加。

表 11-9　高中生、大学生占全国人口比例

分　　类	2000 年	2010 年	2016 年
全国总人口/亿人	12.67	13.41	13.83
大学（大专以上）文化程度人口占总人口比例/%	2.85	6.66	12.94
高中（含中专）文化程度人口占总人口比例/%	8.80	10.47	16.91
合计比例/%	11.65	17.13	29.85
大学（大专以上）与高中（含中专）文化程度人口总数/亿人	1.47	2.30	4.13

然而根据近年统计，城市中大学生比例才达到 20%，县镇为 10%，农村只占 2%（见图 11-8），县镇与农村的高中生比例都不高。根据国家的发展情况，高中义务教育即将实现，孩子们大多能够达到高中学历的水平，这将更加有利于社会主义建设与提高我国工业产品的档次及标准。

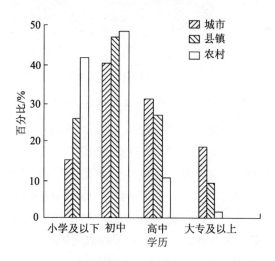

图 11-8　我国城镇村大学、高中、小学人口对比

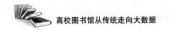

（五）养老问题

养老问题也是人们十分关心的问题。老龄化问题可以说是一个世界性的问题。除了那些不发达的国家，比如非洲大多数国家、阿拉伯地区连年战乱的国家和亚洲的一些落后国家以外，随着全球医疗条件的变好，不少国家都进入老龄化社会，但是我国的老龄化比较严重（见图11-9）。虽然目前政策有所改变，但是老龄化问题的解决，总是滞后于政策的改变。所以，预计到2050年，我国的老年人口将是世界平均老龄人口的两倍左右。目前，在我国老龄人口中，60～64岁的占34.17%，65～69岁的占22.46%，70～79岁的占30.96%，80～89岁的占11.09%，90～99岁的占1.26%，100岁及以上的占0.06%（见图11-10）。只有到80岁以上，人口数量才一步步地减少，这符合目前我国平均寿命75岁左右这一规律。

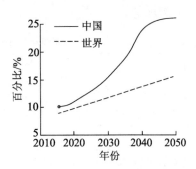

图 11-9　中国与世界人口老龄化比例趋势

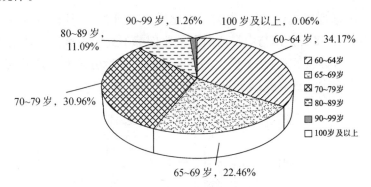

图 11-10　我国 60 岁以上老年人口年龄分布

实际上随着医疗条件的改善，我国人口的平均寿命一直是在上升的。1949年时，我国人口的平均寿命才30多岁，随着人们生活从不能温饱到基本温饱，有了一个寿命增长的跃变。随着生活水平的提高，人口寿命持续增长，改革开放以来尤为明显。图11-11是2000—2014年我国65岁以上人口平均寿命的增长情况。老龄人口，从绝对数或相对数来说都是我国有史以来最高的，因此养老问题必然成为我国人民十分关心的问题。

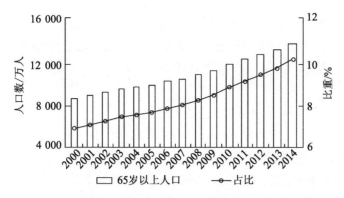

图 11-11 2000—2014 年 65 岁以上人口平均寿命增长情况

从图 11-12 可以看到,目前我国养老采取三种方式。其中,社区养老比例最高,为 41%;居家养老也十分看好,比例达 33%;选择老年公寓的方式的人数也不少。有些现实问题也在一步步地得以解决。

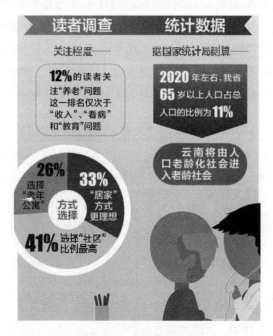

图 11-12 我国养老比例

老年公寓的主要问题有三个。一是服务人员年龄偏大,往往在 50 岁以上;二是服务人员文化层次相当低,不少人是小学文化程度,甚至是文盲;三是很多服务人员没有经过培训,不太了解如今的老年人生活的需要,他们不仅仅是坐着休息,而是要有丰富多彩的娱乐、琴棋书画等活动。

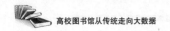

在这方面,日本的老年公寓可以效仿。日本老年公寓的服务人员大都是30多岁的女子,且经过老年服务的培训后上岗。我国老年公寓的工作,在取得一些先进的经验以后,必将会做得更好。

第四节　智库研究中的其他热点问题

一、三大产业比例问题

第一产业主要指生产食材及其他直接取自自然界的产业,第二产业主要指加工制造产业,第三产业是指第一、第二产业以外的其他行业。简单地说,第一产业一般指农、林、牧、渔业,第二产业一般指工业。第三产业范围比较广泛,主要包括交通运输业、通信产业、商业、餐饮业、金融业、教育事业、医疗卫生事业、公共服务等非物质生产部门。

从落后与发达角度而言,社会的低端往往一开始是农业,所以古时只有第一产业,从瓦特发明蒸汽机开始出现第二产业。发达国家第三产业所占比重较大。所以,第三产业占比大往往代表这个国家的发达程度高。

图11-13为我国1978年三大产业占比与2018年三大产业占比的比较。第三产业从1978年的15.4%,增加到2018年的75.8%,说明改革开放成效显著。

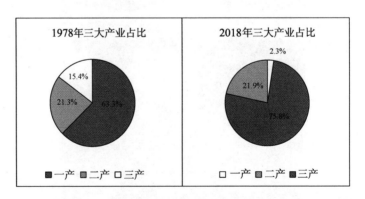

图11-13　我国1978年与2018年三大产业占比情况

二、劳动人口年龄占比下降问题

劳动人口年龄从2011年起有所下降,这从图11-14中可以明显地看到。这是由过去较长时间实行一对夫妇只生一个孩子的政策造成的。但是这个问题可以通过提高质量加以解决。人们的文化教育水平提高了,大学生与高中生的总体占比上升了，人们的工作效率也随之提高了。人们从只能从事简单劳动变成可以从事复杂劳动。马克思曾说过："复杂劳动等于倍加的简单劳动。"

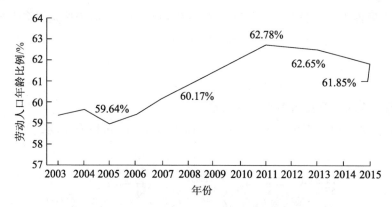

图 11-14　劳动人口年龄比例下降

复杂劳动之所以等于倍加的简单劳动，是教育和训练的结果。教育之所以能促进经济增长，带来社会经济效益，其直接的原因就在于教育可以生产和提高劳动者的劳动能力，可以把简单劳动变成为复杂劳动，从而创造更多的价值。

三、性别比例问题

图 11-15 展现了一个经常为人们关心的问题，即男女性别比例问题。我国人口中，男女性别比例一直不平衡，男多女少。

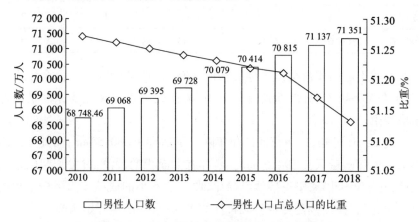

图 11-15　2010—2018 年我国男性人口数量统计

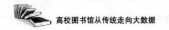

图 11-15 说明三个问题：

① 2010—2018 年，男性人口的绝对数在上升，从 68 748.46 万人增加到 71 351万人。

② 男性人口占比下降，从 51.27% 下降到 51.13%，但仍然是男多女少。

③ 男性占比总体是下降的，说明我国男女平等问题或重男轻女问题正在一步步地得到改善。

四、西部大开发与南水北调问题

为什么要搞西部大开发？从图 11-16 与表 11-10 可以看出问题的端倪。

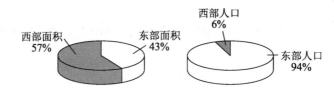

图 11-16　东西部人口占比

表 11-10　5 个位置不同城市降水量

城市	年降水量/mm	春季降水量/%	夏季降水量/%	秋季降水量/%	冬季降水量/%
广州	1 680.5	31	44	18	7
南昌	1 598.0	45	31	12	12
郑州	6 35.9	20	53	22	5
五台山	913.0	14	62	21	3
成都	976.3	17	63	18	2
乌鲁木齐	194.6	34	33	24	9

西部的土地面积占全国土地面积的 57%，而西部的人口只占全国人口的 6%。那么大一块土地，得不到充分利用，实在是可惜。其主要原因是西部常年干旱少雨。

由表 11-10 可知，东南部的广州年降雨量达到 1 680.5 mm，而处于西部的乌鲁木齐年降雨量只有 194.6 mm。西部有大面积的沙漠，过去长期以来是不毛之地，几十年来国家坚持搞沙漠绿化，取得了不小的成绩。为了根本解决水资源问题，国家提出调西藏雅鲁藏布江的水入疆，并已经开始实施。

西气东运、西电东输都是西部大开发的一部分，也是东西部双赢的事情。另外，东部人才定期帮助西部建设，也是我国长期以来的计划与实施方针。

为了水资源的充分与合理运用,我国还实施了南水北调工程。我国一向是南方多雨,北方干旱。从表 11-10 中可知,处于北方的郑州,年降雨量只有处于南方的广州年降雨量的约 1/3。为了解决北方地区的供水问题,我国提出并已经开始实施南水北调工程。

从太空上看,人类生存的地球是一个美丽的蔚蓝色的球体,它约有 3/4 的面积覆盖着水。地球上海洋水占地球水储量的 96.5%,但它又咸又涩,不能作为饮用水,也不能用于工农业生产。分布于陆地的河、湖、冰川与地下水占地球水储量的 3.5%,是生活与生产的主要水源,而其中可以使用的淡水总储量只占地球淡水总储量的 0.3%,占全球总储水量的 0.07%。

我国实际上是淡水贫缺的国家之一,资源只占世界平均值的 1/3。至于有水用的东部及南部地区,也要提倡节约用水。为了节约用水,人们把用水的情况做了详细的划分(见图 11-17)。

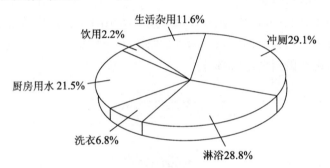

图 11-17 用水情况

生活中,洗衣(6.8%)、淋浴(28.8%)、冲厕(29.1%)与厨房用水(21.5%)是用水最多的四种类型。饮用与生活杂用分别占 2.2% 和 11.6%。因此,提倡用洗完菜的水冲马桶,即提倡一水多用。节约水资源是我们每个人的责任。

五、意外事故伤亡

意外伤亡虽然是人们不愿看到的事情,但仍是客观存在的。我们应该尽量避免不必要的伤亡。除了交通事故以外,各种意外事故的原因占比如图 11-18 所示。

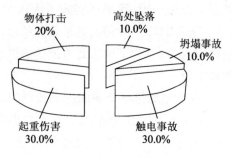

图 11-18 各种事故占比

在工业生产车间中，常见一条标语："安全为了生产，生产必须安全。"这是周恩来同志在世时经常提醒大家的话。

六、少数民族问题

我国有 55 个少数民族，民族和谐与民族团结问题一直是国家十分重视的问题。这部分人口占全国人口的 15%（见图 11-19），是中华人民共和国民族大家庭中不可缺少的重要组成部分。

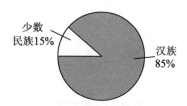

图 11-19 少数民族人口占比

第十二章
云计算与大数据下的高校图书馆

第一节 云计算的概念、发展及其特点

一、云计算的概念

云计算（Cloud Computing）是分布式计算的一种，指的是通过网络"云"将巨大的数据处理程序分解成无限个小的程序（相当于微分），交给各个工作站，运用各工作站上的计算机进行计算，即处理与分析，计算出结果以后，再将各个工作站的计算结果汇总（相当于积分）返回到计算机中。

目前，云计算已经不仅仅是简单的分布式运算了。它是集分布式运算、效用运算、负载均衡、并行计算、网络存储、同时备份、虚拟运算等复杂的演算技巧进行超大规模计算的一种方法。

"云"，实际上就是一个网络。狭义地讲，云计算是一种可以供给资源的网络。用户只要有需要，就可以随机取出信息，而且这种资源可以任意施展以至于无限。就像家庭用电一样，只要不超过表头最大量程，就可以尽量使用。云计算既不是一种新理论，也不是一种新技术，而是继计算机与互联网之后的一种技术革新，是信息时代的飞速发展的一种应用形式。可以说，现在已经踏入了云计算的时代。云计算具有时代性和自动扩展性。

二、云计算的产生背景

1960 年，互联网兴起，当时主要用于军事演习或战争，也用于大型企业的繁复计算，因为有大量的电子邮件与各种新闻需要处理。互联网进入普通家庭时已经是 30 年后，即 1990 年。这时，随着 Web 网站与电子商务的发展，人们越来越需要互联网了。2006 年 8 月，云计算的概念首次被正式提出。

每一家公司都需要用计算机进行数据信息化处理，比如用计算机进行人

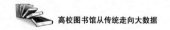

力资源管理、财务管理、生产管理与生产运作、供货管理、销售管理及信息存储。如果公司规模不大,各个小部门有几台计算机就够用了。但如果要把这些数据随时掌握在上层管理人员手中,就需要一台计算器,或者说是工作站。如果规模再大一些,就需要几台服务器,这样,对于中小企业而言,购买计算机与用电的成本就会越来越大。随着费用不断增高,云计算的作用就逐渐凸显了。

三、云计算的发展过程

1956 年,克利斯托夫发表了有关虚拟化的论文,虚拟化是云计算的基础与核心内容,因此孕育了云计算。

20 世纪 90 年代,计算机网络出现泡沫,当时网络应用只是电子邮件。如何进一步利用网络以开展网络服务,是一个迫切需要解决的问题。

2004 年,WEB 2.0 会议召开,网络泡沫破灭,计算机进入 WEB 2.0 阶段。该阶段用户一方面利用了快捷的网络服务,另一方面开发了网络计算与处理的新功能。

2006 年 8 月 9 日,谷歌首席执行官埃里克·史密特(Eric Schmidt)提出了云计算的概念,这是云计算首次被正式提出,并明确了这是互联网的第三次革命。

2008 年微软发布了公共云计算平台(Windows Azure Platform),由此在微软的窗口出现了云计算的巨大运算方式。各网络公司相继加入了云计算的行列。

2009 年 1 月,阿里软件在江苏南京建立了第一个“电子商务云计算中心”。2011 年,中国移动云计算平台出现。

2019 年 8 月,北京互联网法院发表《互联网技术司法运用白皮书》。

2006 年至今,云计算的发展飞速,变化非常显著。现在已经把云计算看作是计算机网络化以后的一场革命,因为它的出现带动了整个社会的发展,经济模式与商业模式发生了很大的改变。

于是,云计算成为信息处理公司的战略重点,全球的信息技术企业都在向云计算靠拢与转移。

四、云计算的特点

(1)云计算的规模特别巨大,但它并不需要超大规模计算机,只需要很多数量的小型计算机。

（2）云计算的时间很短，只需要几秒钟就能完成十分繁重的工作。

（3）云计算是若干个小型计算机同时分别完成运算的。

（4）云计算必须通过因特网进行各个运算的计算机之间的联络，以合理分配任务，同时运行并汇总计算结果。

（5）云计算可同时备份存储各个线上计算机中的数据。

（6）云计算在运算过程中，可实现各计算机工作量的均衡。

（7）云计算已经运用了虚拟化的功能（包括应用虚拟与资源虚拟），突破了时间与空间的限制。数据备份、数据迁移与数据扩展都是通过虚拟空间进行的，并不一定需要物理实体。

（8）云计算是动态可扩展的。

（9）云计算十分具有灵活性，不同的计算机配置、不同的软件硬件、不同的操作系统都能够通过因特网加以调配并协调工作。

（10）云计算可靠性高，一台计算机发生故障或死机，并不影响云计算的计算过程，因为它可以进行立即调配。

第二节　大数据时代的到来

一、大数据的概念

大数据（Big Data），是计算机网络时代的行业术语，是指一种无法在通常的时间范围内用普通的软件收集与处理的海量数据集，是需要超级计算机或云处理模式才能解决的大增率与种类繁多的信息资源。

2008 年 8 月，维克特·迈尔-恩谢伯格在《大数据时代》一书中写道，大数据不用数理统计学随机分析中的抽样分析法，而是将整个大数据进行分析处理。所以它具有 5V 特性。这 5V 是指大量（Volume）、高速（Velocity）、多样（Variety）、低值（Value）与真实（Veracity）。

由于超级计算机数量很少，更多的是由一系列普通计算机通过云计算进行大数据的运算。因而可以把大数据与云计算看成是一对密不可分的伙伴。也就是说，大数据与云计算伴生，大数据必须用云计算去计算处理，云计算只有在大数据下才能发挥强大的作用。

二、大数据的战略意义

大数据的战略意义不在于掌握庞大的数据信息，而在于对这些数据信息进行专业化处理。假如把大数据看成是一个产业，那么这个产业获取利润的关键就在于它的加工能力与水平。也就是说,它是通过加工来获得利润的。

随着云时代的来临,大数据得到了人们越来越多的关注。它通常用来形容一家公司创造的非结构化及半结构化数据,把这些数据下载到有关的数据库中以后用于分析就会花费太多的时间与金钱。而如果使用云计算平台把这些各自为政的成百上千的公司合理分配进行计算,既避免了各自的不必要的重复计算,还会返还计算结果给各家公司分享,每家公司所花费的时间和金钱也大大节约了。

图 12-1　云计算示意图

当然,这里的计算或运算,不是通常所指的加减乘除,而是包括通信、电话、电视、计算器、声音、照相、工业采矿、下载等在内的计算机所能进行的各种运算(见图 12-1)。大数据的实践包括个人大数据、企业大数据、政府大数据和互联网大数据;大数据的理论包括大数据的特征、价值、未来和隐私;大数据的技术则包括云计算、分布式处理平台、存储技术和感知技术(即传感器技术)。如图 12-2 所示。

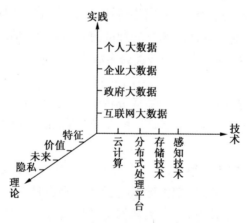

图 12-2　大数据的理论、技术与实践

由于大数据涉及的量很大,过去一般用到 GB,现在常用到 TB、PB、EB、ZB 等,因此在这里要说一下容量单位。容量的最小单位为比特(bite),次小单位为字节(Byte)。1 字节 = 8 比特,1K 字节 = 1 024 字节,1M 字节 = 1 024K 字节,1G 字节 = 1 024M 字节,1T 字节 = 1 024G 字节,1P 字节 = 1 024T 字节,1E 字节 =

1 024P 字节,1Z 字节 = 1 024E 字节,1Y 字节 = 1 024Z 字节,1B 字节 = 1 024Y
字节,1Ge 字节 = 1 024B 字节。

三、大数据的结构

大数据包括结构化数据、半结构化数据与非结构化数据。其中,非结构化
数据随着时间的推移所占的比例越来越大。据统计,企业中非结构化数据已
经占 80%,并且每年以 60% 的占比呈指数式增长。

应用大数据可以预测犯罪的发生,这是洛杉矶警察局与加利福尼亚州的
合作项目。谷歌利用大数据研究禽流感的扩散分布。统计学家西尔弗利用大
数据研究美国的选举结果。美国麻省理工学院的手机定位及交通系统可预测
城市规划。百货商店可利用大数据研究调节 7 300 种商品的价格的方法。
2020 年初新型冠状病毒爆发时利用大数据进行病患情况的统计。

四、大数据的未来趋势

（一）数据资源获取途径的进展

无论是银行吸储、教育招生,还是商业机构的招揽顾客,都需要利用大数
据,因为大数据引起的官司与法律问题也日益明显。数据资源的争夺越来越
激烈。

（二）与云计算的互相促进

大数据与云计算互相依存、互相促进,构成深度的紧密结合,共同发展壮
大（见图 12-3）。

（三）大数据必然促进科学的进步与发展

大数据与云计算结合以后,在运算理论、
运算方法、运算技术上更进一步,更节约时间、
节约成本、减少重复运算,更加合理分配各节
点计算机工作量。特别在是人工智能、机器处
理、传感器技术等方面都有广阔的发展前景。

（四）数据的安全与保密技术更加重要

宏大的数据获得及其私密性变得日益重
要。每一家公司都会面临商业竞争者的数据

图 12-3 大数据与云计算的关系

攻击,因此必须注意数据的安全。50% 的全球 500 强企业将会出现首席信息
安全官这一重要职位。在数据创建之初及创建过程中,安全及保密工作变得
十分关键。

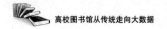

五、我国国家及地方政府对大数据的重视

2015 年 9 月,经李克强总理签批,国务院印发《促进大数据发展行动纲要》。《纲要》部署了三项主要任务。一要加快政府数据开放共享,推动资源整合,提升治理能力。大力推动公共数据资源开放,统筹规划大数据基础设施建设,支持宏观调控科学化,推动政府治理精准化,促进商事服务便捷化,促进安全保障高效化,加快民主服务普惠化。二要推动产业创新发展,培养新型业态助力经济转型。发展大数据在工业、新兴产业、农业农村等行业领域的应用,推动大数据发展与科研创新有机结合,推动基础研究和核心技术攻关,形成大数据产品体系,完成大数据产业链。三要强化安全保障,提高管理水平,促进健康发展。健全大数据安全保障体系,强化安全支撑。

2016 年 3 月,《中华人民共和国经济和社会发展第十三个五年规划纲要》发布,其中第二十七章"实施国家大数据战略"提出:把大数据作为基础性战略资源全面实施促进大数据发展行动,加快推动数据资源共享开放和开发应用,助力产业转型升级和社会治理创新。具体包括加快政府数据资源共享和促进大数据产业健康发展。

2015 年 9 月 18 日,贵州省启动我国首个大数据综合试验区的建设工作,力争通过三到五年的努力,将贵州大数据综合试验区建设成为全国数据汇聚应用新高地、综合治理示范区、产业发展聚集区、创业创新首选地、政策创新先行区。

第三节 云计算与大数据对高校图书馆的影响

一、大数据与云计算带来的新挑战

计算机技术、信息技术与网络技术的突飞猛进的发展,必然需要进行大量的、复杂的计算和信息储存,这样的大数据与云计算给物理空间与大量新软件的开发带来了必然性与紧迫性。科研与教育的需要又带动了环境的需要,从而给高校图书馆的发展带来了必然性与紧迫性。从信息规模、信息细化与信息类别方面而言,都需要增加信息的总体数量。信息计算、信息处理与信息储存,都使得信息的总量迅速飙升。

信息计算、信息处理与信息储存的内容,不仅涵盖了原先图书馆的采购、编目、检索、阅读、典藏与图书馆本身的规划建设,还包含读者的大量个人信息,读者的研究与阅读的偏好、行为与内容,读者的个人特征,读者的反馈意见及图书馆的读者服务,图书馆阅读监控平台及视频数据,研究课题及课程教育的分类、提取、优化、控制、推广与普及。数据的计算、数据的处理与数据的储存不是静止的行为,而是可以进行增、删、减、换的动态行为。这样对于图书馆数据储存的能力、数据的可靠性、数据处理对于环境的适应性及普及开放性等,均提出了进一步的要求。要利用大数据与云计算,在计算机的运算过程中把大量的结构化与半结构化数据进行再分析、再处理与再挖掘并产生新的价值。也需要根据过去及目前的状况的变化规律来预测将来的发展趋势与确定今后的发展方向。

在对大数据进行云计算的过程中,需要对加入进行云计算的每一个计算机的联网节点信息进行复制与备份,以及为了保密而进行安全处理。并且在运算过程中,不能弄错或丢失有关的任何信息。

但是,由于目前对于大数据的云计算尚且处于发展阶段,大概率事件已经处理得较为圆满了,而小概率事件的处理尚不如人意。各高校图书馆在发展中存在数据混乱、精准度不够,以及资源浪费等问题,这些都值得继续探讨。

二、馆员的德与才要进一步优化

新形势下高校图书馆的馆员,一定要具备一些新的本领(见表12-1)。

(一) 与法律有关的本领

首先,图书馆馆员要具备相关法律知识,如版权与知识产权方面的知识。

在外资企业中,如果产生纠纷与分歧,一般都会通过法律途径去解决。因为在一个国家中,所在国的法律是必须共同遵守的准则。人们对于知识产权的尊重与遵守,是研究工作所必须掌握的,这也是图书馆馆员必须要了解的。

(二) 掌握信息的本领

大数据与云计算时代,信息显得尤为重要。离开计算机、互联网与信息,就会寸步难行。信息知识包括信息基础、信息技术、信息组织与信息应用四个方面。

(三) 公关本领

公关本领包括一般的公关处事能力与科研交流公关能力。因为任何一项工作的完成,都是团队协同合作的结果。团员之间互相沟通、互相帮助、互相支持、互相协作,才能"人心齐,泰山移",办好每一件事。图书馆馆员首先要学会与用户沟通、学科团队内部沟通,图书馆内部加强组织管理,加强学科服务的水平,图书馆馆员加强与教师之间的密切沟通等。

在科研交流及公关合作面,邀请国内外有关专家及能人志士来校讲学做

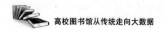

报告,介绍有关的理论知识与实验成果,推广科研成果的传播与出版,向用户推荐科研成果的应用等。

（四）专业学术知识的本领

专业学术知识的本领,包括有关科研和教育所需的专业知识与图书馆本身所需要的图书情报知识两个方面。

（五）研究过程中的本领

研究项目的开始,要求对本项目的国内外水平与进展彻底掌握,避免科研资源的重复浪费与做无效劳动。特别需要掌握国内外出版物中的有关内容,而这正是图书馆馆员的强项。

在研究过程中,密切关注国内外有关此项工作的详细内容十分重要。可以把别人工作的有效成果融入该项工作进展中,以节约科研中的人力、物力与时间等成本。

在研究过程结束阶段,评估该项目的作用,分析其重要性,推广到有关的用户,普及到工厂生产,及时把研究成果快速转化为生产力,为国计民生服务。

表 12-1　大数据时代高校图书馆馆员应具备的本领

项目	所需本领
与法律有关的本领	版权与知识产权方面的本领
掌握信息的本领	一般信息的开发与咨询
	大数据与云计算方面的专业技术
	元数据的掌握与使用
	学科特色资源库与专业知识库的建设
	建立与强化用户的信息能力
	对口用户的信息有关培训
	整理与提炼用户的有关资料信息
	文献管理软件的使用、操作与培训
	指导用户对有关文献的检索与使用
	文献资料的发现与检索

续表

项目	所需本领
公关本领	与用户及时有效的沟通
	团队之间的密切有效合作
	学科服务工作中的有效管理水平
	有关的有效推广工作
	科研成果的出版与传播
	向用户推广研究成果的保存与使用方法
专业学术知识本领	与研究相关学科的专业知识
	所需要的图书情报知识
研究过程中的本领	及时获得其他单位有关研究的进展
	不断跟踪研究动态
	成果的分析体系与评价体系

三、学科团队更上一个台阶

随着大数据及云计算时代的到来,高校图书馆应侧重对原有馆员的培训和提高,而不是一味地引进新馆员,引进新人才只能作为补充。因此,培训与管理必须走上一个新的台阶。

正如上面提到的,学科馆员必须掌握法律、信息、公关、专业与科研五个方面的本领,必须提高有关的专业水平、管理水平、学术水平与创新水平,在战略上永远把握住主要发展方向。

在学科专家的指导和学科成员的协作下,作为学科团队成员之一,应把掌握有关的图书情报知识作为自己的主要职责。

在评估机制方面,要在不断地吸取专家意见后,提出自己的看法。广泛听取用户的反馈意见,利用出访、调查问卷与电话等方式对用户进行咨询,使信息反馈平台变成高校图书馆中不可替代的部分。

四、根据用户的需求调整,不断深化工作

大数据及云计算时代,信息从分散性向密集性转化。同时数据的挖掘再利用成为一个新的领域。在数据部分,包含三个主要内容:

第一个主要内容是用户的数据,包括用户的个人信息数据、用户的主要阅

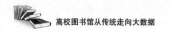

读数据、用户的研究与教育方向的文献数据。

第二个主要内容是有关的文献资料数据,包括图书、杂志、学术论文、学位论文、会议论文、专利及各种内部报告等。

第三个主要内容是政府与创新数据,包括政府平台所公布的数据,比如国家统计局的统计数据,也包括科研及创新信息。

数据挖掘技术是云计算与大数据时代的特点。

对于大概率事件,甚至是全概率事件。过去由于没有大数据,往往只能用采样的方法。比如一个省的事件,往往只能采样一个县,而后把结果放大,这在大多数情况下是可以的,但是如果偏偏抽样的这个县是特殊的,这样的放大就会出现很大的偏差。

现在有了大数据,就不必抽样了。利用大数据可以十分准确地描述问题的本质,不会产生由特殊放大成一般时出现的偏差。

例如,在 2020 年初抗疫过程中,国家统计局根据各地方上报的疫情及时进行统计,用大数据与云计算立即统计出全国感染确诊人数、治愈人数、死亡人数及各省与重点城市的病况。此外,还根据病情统计出回归曲线,预测病况发展趋势,预测所需要的医院建设、医疗物资供应、医护人员数量。

还有一些小概率事件,例如,2020 年疫情期间,一般感染者 14 天内就会发病,而个别感染者 38 天后才显示出现病情,有的甚至一直无症状。关于大数据与云计算中的小概率事件尚且在研究的过程中。

第四节 云计算与大数据时代的高校图书馆

本节以两所国外大学(哈佛大学与耶鲁大学)和两所国内学术单位(中国科学院与北京大学)为例,介绍在大数据与云计算时代,国内外高校的图书馆如何面对新的形势,抓住新的机遇,搞好学科服务工作。

一、哈佛高校图书馆

哈佛大学(Harvard University),位于美国马萨诸塞州波士顿区的剑桥市,是一所私立大学,闻名世界。哈佛大学建于 1636 年,历史悠久。该校先后有数十位诺贝尔奖获得者。美国历任总统中罗斯福与奥巴马都毕业于哈佛大学。

第二次世界大战以后,美国成为经济、金融、军事与科技强国。而哈佛在世界大学的排名之中稳居前列,执世界大学之牛耳,必然有其独特的一面。哈佛大学目前有 79 个图书馆，分布在 20 多个校区。而这么多的图书馆并不因为分散显得杂乱无章，而是由中心统一管理，有条不紊。

哈佛高校图书馆融哈佛的人、财、物、教学与科研于一体。

（一）统一且先进的学科服务平台

哈佛高校图书馆学科服务平台，统一由图书馆引导系统所构建。该系统中包括常见问题探索、资源探索平台、学科探索平台、研究咨询、培训课程咨询、课程网站六个方面。其内容涵盖图书、杂志、手稿、数据、档案、图像、地图、乐谱、音乐、视频与电影等。

（二）哈佛的学科服务团队

哈佛的学科服务团队，同时是一个学术性、专业性与公关性的团队。

哈佛高校图书馆的学科服务团队非常具有特色。其成员不是泛泛的学科服务馆员，而是有十分明确的分工，一般分为三种类型。

第一类为研究馆员，这些研究馆员在长期的工作中积累了丰富的研究经验，既精通一些专业，又精通图书情报知识。他们能够指导的项目包括研究方案与教学方案的制定，毕业论文、硕士论文与博士论文的写法，文献跟踪检索、特殊文献的获得等，可对学生、教师甚至教授作指导或参考。

第二类为馆系联络馆员，这类馆员公关能力很强。在教学与研究过程之中，能跟踪教学与研究的进程，及时地提供所需的信息资源。

第三类为学科馆员，他们既有学科的专业知识，又有丰富的图书情报知识，十分了解教学与研究的进展情况，能够及时给予学生、教师与教授一对一的帮助。

（三）紧跟科研项目提供及时有效服务

哈佛高校图书馆的官网有很多便于用户查询的软件，如文献管理软件就有 RefWorks（参考工作）等。在数据管理软件中有 Harvard Lib X（哈佛馆藏 X）等。

用户如果需要某本图书或某本杂志上的文献资料，只要登录哈佛图书馆的平台，马上就可以查阅哈佛图书馆的电子期刊、数字资源与馆藏其他资源中有无此资料，同时自动反馈到与哈佛大学联网的书店，及时快速地寻找到所要查找的资料。

哈佛高校图书馆研究介绍（Research Guides）软件，并不是只包括研究。它是教学课程项目介绍（Course Guide）、专业介绍（Subject Guide）与其他介绍（Other）的统一名称。

哈佛高校图书馆各个分馆涵盖的内容十分广泛，包括美国总统任职情况

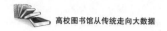

介绍、选举活动资料介绍、文献索引、国家信息、刑事案件、经济研究、求职研究、学术评估、民意资源、文章出版资料、联邦政府资源与地方政府资源等。

二、耶鲁高校图书馆

耶鲁大学(Yale University)位于美国康涅狄格州的纽黑文市,创立于 1701 年,是一所私立研究型大学,也是美国十大名校之一。它在课程安排及教学研究方面都是世界一流的。耶鲁大学历史上有 62 位学者获得诺贝尔奖,有 5 位美国总统毕业于该校。著名的飞机设计师波音与可口可乐公司的前董事长艾克斯皆毕业于此。目前耶鲁大学在 QS 世界大学排名第 17 位,而耶鲁大学在美国本科院校中的排名是第三,仅次于哈佛大学与普林斯顿大学。

耶鲁高校图书馆在美国高校图书馆中排名第二,有 15 个不同层级的分馆,拥有藏书 1 500 万册。

（一）资源导航

耶鲁高校图书馆十分重视资源导航,它的导航系统在网站上分为学科导航、课程导航与技能导航三大类。

（1）学科导航系统

耶鲁大学图书馆有很多学科馆员,它的学科导航系统资源十分丰富,可以提供60 个大类 155 个学科的导航。根据各个学科的特点,采取不同的资源组织方式。按资料类型组织的导航方式,可分为图书、期刊、报纸、数据库等类别。也可按照主题区分导航,比如在美国有色人种中,黑人问题是一个十分重要的历史与现实问题。于是有专门针对黑人的研究资料,从奴隶制时期进行黑人贸易开始,研究美国黑人文化的历史与美国专有的黑人文学。

（2）课程导航系统

耶鲁大学图书馆的课程导航系统也很详细。它是图书馆馆员与任课老师长期合作的标志,是教学与科研的重要成果,其成果的利用成为各门课程的指南。其内容包括各门课程的教学与研究方法,与课程有关的书刊、数据库及其他资料,以及检索方法等。

（3）技能导航系统

耶鲁大学图书馆有专门用于写论文的资料,比如写作方法、所需要参考的材料、论文涉及的有关问题、投稿指南,以及如何发表论文、格式引用、有关版权的知识,在线教学及研究数据等有关资料。

（二）信息管理系统

耶鲁高校图书馆信息管理系统,分为信息素养教育培训与信息数据管理两个方面。

（1）信息素养教育培训

大数据与云计算时代，必须从大学生入学起就对他们进行信息素养教育培训，使他们及时了解获得信息的各种方法，知道信息的重要性，及时掌握有关信息的理论与技能，以及有关信息的安全知识与法律知识。

为此，耶鲁高校图书馆每周都组织培训讲座，有针对教学的、针对研究的与针对数据库的检索与使用的。在培训中，由图书馆学科馆员对学生进行日常咨询服务、面对面辅导、播放视频、推荐数据库及其他资源的典藏内容。以项目为核心，一对一地帮助学生了解有关研究的特点，把握国内外的现状，标定有关文献资料、学术名家的个人信息等。

（2）信息数据管理

耶鲁大学图书馆建立研究数据管理导航并成立了研究数据咨询组。

研究数据咨询组主要提供下列服务：

① 数据管理规划的咨询。制定数据管理规划，研究项目的研究方法，以及介绍数据管理规划所需要的工具。

② 数据的收集与分类。提供数据，提供文件格式，设计数据库，对项目的结果分析、概括与指导，推荐有关软件，掌握大数据与云计算的方法。

③ 数据传播与数据归档。数据传播是为了使数据资源得到更广泛的运用，对于数据去粗取精与去伪存真，将有用的重要数据归入耶鲁高校图书馆典藏作永久保存并考虑版权问题，同时提供随时提取数据的检索方法。

（三）个人图书馆项目

耶鲁高校图书馆的特色之一是有个人图书馆项目，这是个性化的重要途径。耶鲁大学为每一位大学生配备一位专门的图书馆馆员作为联系人。这位联系人的作用是：

① 电子邮件联系。每有一个新的图书资源到来，每进行一项新的与图书馆服务有关的活动，每发布一个新的培训或讲座的消息，这位联系馆员会立即通知这位大学生。

② 回答大学生的咨询。无论是如何进入图书馆的检索系统，还是图书馆的有关规章制度、图书馆典藏的有关课程或研究项目的资源了解、图书馆有关的书刊资料，联系馆员都会给予大学生及时的解答。

③ 在学生进行学术研究时给予帮助。在确定主题、了解国内外动向、检索有关资料、追踪有关作者的研究动向等方面，联系馆员进行及时指导。

④ 对于本图书馆所缺而其他图书馆具有的资料，进行馆际借阅指导与帮助。

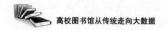
三、(中国)国家科学图书馆

国家科学图书馆的前身是中国科学院图书馆,成立于1950年4月。20世纪60年代,北京高校图书馆藏书,少于北京图书馆与中国科学院图书馆,但比其他任何大学的图书馆都要多。可见当时的中国科学院图书馆的藏书量就已经位于全国第二位。

国家科学图书馆又叫中国科学院文献情报中心,2015年藏书就已经达到1 145万余册,主要对口自然科学。

该馆开通数据库71个,通过国家平台开通数据库25个。外文期刊即查即得保障能力7 867种,国内外博士、硕士论文14万篇,会议记录1.6万卷。

（一）资源目录

国家科学图书馆的外文资源见图12-4,中文资源见图12-5,印本文献中各种资源的分布见图12-6。

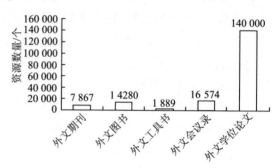

图12-4　国家科学图书馆的外文资源

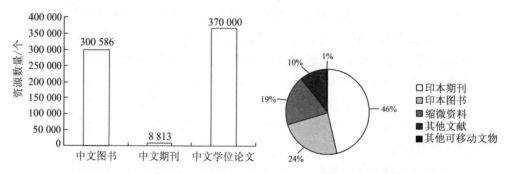

图12-5　国家科学图书馆的中文资源　　**图12-6　国家科学图书馆的各种印本资源分布**

（二）自建资源

（1）联机联合编目数据库是一个多学科的联合编目数据库,覆盖数学、物理、化学、天文、地理、生命科学、农业、医药、信息科学、工业技术、社会科学等学科。收录西文期刊4.5万种、日文期刊6 600种、俄文期刊6 700种、中文期刊4万种;中西文图书80余万种,电子数据库100余万条。

（2）中国科学文献数据库服务系统(Science China)分为三个层次:第一层为现在的期刊目录数据库,起始于1989年,数据总量100多万条,年增20多万

条。第二层为中国科学引文数据库各学科数据库 5 个,其中引文数据起始于
1989 年,来源 96 万条,引文 400 万条,年增 15 万条,引文 50 万条;学科数据起
始于 1985 年,数据量 95 万条,年增 15 万条。第三层为开放链接数据库,包括
第三方书目数据库、第三方文摘数据库与第三方全文数据库。

四、北京高校图书馆

公开发表的期刊是否是核心期刊由谁评定? 国家及政府是不去评定的,
就目前所知,有三个单位是曾经评定过的,其中得到非常多的高校承认的评估
单位是北京高校图书馆。

北京高校图书馆(Peking University Library)是中国最早的现代新型图书
馆之一,被国务院批准为首批国家重点古籍保护单位,成立于 1898 年,最早被
称为京师大学堂藏书楼。现在的新图书馆大楼是李嘉诚先生捐赠的,位于北
京市海淀区颐和园路 5 号(见图 12-7)。

图 12-7 李嘉诚捐赠的新建北大图书馆

到 2015 年底,北京高校图书馆由总馆、医学馆与 38 个分馆及储存馆组
成,总面积 9 万平方米,阅览座位 4 000 余个,远程储存图书馆面积 5 000 平
方米。

2014 年,全馆人员的学历构成为:博士 14 人,硕士 72 人,本科大学生 66 人,
大专生 31 人。总藏书量 1 100 余万册(件),其中纸质藏书 800 余万册,数字资
源,包括各类数据库、电子期刊、电子图书和多媒体资源约 300 余万册(件)。

北京大学图书馆数据库导航目录,如图 12-8 所示。

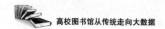

数据库名称	数据库介绍
SpringerNature- Palgrave 电子书（2005-2015年版权）	施普林格-自然集团（SpringerNature）是一家全球领先的从事科研、教育和专业出版的机构。集团旗下汇集了一系列备受尊敬和信赖的品牌，以各种创新的产品和服务为、为客户提供优质的内容。施普林格…
爱如生:中国类书库、中国丛书库	中国类书库是专门收录历代类书的全文检索版大型古籍数据库，由刻俊文总策，北京爱如生数字化技术研究中心研制。该库收录数据以来直至清末民初的类书1,000种，包括最早的类书《皇览》、最大的类书《古今图书集成》、文化奇珍《永乐大典》…
Arkyves: Online Reference Tool for the History of Culture（文化史图像数据库）	博睿（Brill）的Arkyves文化史图像数据版是一个非常独特的图像和文本数据库，也是每一个想要研究和发布图像者的原会场所。借助于Iconclass系统文化内容的多语言词汇表，可以访问所有的视觉和文本。通过使用该系统…
John Benjamins 本杰明出版社回溯电子期刊（1955-2015年）	John Benjamins出版社是一家独立的学术出版商，总部位于荷兰阿姆斯特丹市，并在美国费城设有分支机构，成立于1960年，已经有超过五十年的历史。以出版人文社科领域学术著作而著名，特别是在语言学和逻辑科学等学科出版领域，…
Brill 期刊数据库	博睿（Brill）期刊数据库（2020）共包含329种期刊。包含国际法、亚洲研究、语言与语言学研究、中东研究、哲学研究、人文与社科、生物学等子库。广属学科包括国际法、亚洲研究、语言学、中东与伊斯兰研究、哲学、古典研究、历史、文学与文化研究…
Brill's Encyclopedia of Hinduism Online（印度教百科全书数据库）	博睿（Brill）的印度教百科全书介绍了传统印度教主要领域的最新研究。其中的文章都是由全球著名的印度教学者撰写的原创作品。百科全书呈现的是中立的印度教观点，认识到宗教学术研究中的不同观点和方法，既是古老的历史传统也是现今繁荣的传统。
Business Market Research Collection 商业市场研究数据库（ProQuest）	Business Market Research Collection 提供丰富的专业性公司、行业及国家信息，包含以下三个数据库中的公司、行业及地缘政治宏观市场研究方面的信息。
BVD-EIU Market Indicators & Forecasts—各国竞争力指标分析库	EIU MIF提供全球60个大国家内500多项市场规模（Market Size）与各行业竞争力的详细分析数据，并提供各项指标至2030年的预测值（Market Forecast），包括关键宏观预测，如GDP、人口统计与收入、私人消费开支…
BVD-Orbis Intellectual Property—全球知识产权数据库	Bureau van Dijk 擅长于企业信息，特别是非上市公司和公司层级信息。我们的专长是运用数据帮助客户做出更好的商业决策并提高其工作效率。多年以来，我们打不断充实产品范围及种类，而知识产权就是其中一个很重要的部分。…
De Gruyter 尼采在线专题数据库	德古意特出版社（De Gruyter）此次开通试用尼采在线专题数据库。尼采在线专题数据库为研究人员和读者提供了重要而全面的哲学家参考文献的在线访问，使用户可以访问到整合过去四十多年的研究成果。该数据库除了提供权威文献（KGW）和临仓…
De Gruyter德古意特数字期刊试用	德古意特在数学各重要领域的学术出版已有近200年历史，尤其在群论、计算和随机上尤为出名。德古意特数字电子期刊，覆盖学科有应用数学、理论数学、随机与统计、代数和群论、科学计算、统计和数量经济学，其中90%都被SCI所收录。…
雕龙古籍数据库-古今图书集成	《古今图书集成》为我国最大的类书，也是我国古文献的百科全书，初稿于清朝康熙四十五年完成，雍正三年定稿，接集了上古到明清时期「天文地理、政治经济、军事法律、哲学伦理、教育科学」等资料。全书分为：八百册、一万卷、五十多万页、一亿七千多万字，…
雕龙古籍数据库-清代史料	共包含《清实录》、《五朝会典》、《大清缙绅全书》、《大清辅政要览全书》、《大清中枢备览》、《皇帝御扎》等珍贵学术史料。《清实录》涵括清代官修太祖至德宗的十一朝实录，以及后世补撰的宣统政纪，…
雕龙古籍数据库-四库全书、续修四库全书、四库存目丛书、四库禁毁书、四库未收书	《四库全书》是中国历史上规模最大的一套丛书。清乾隆三十八年（1773年）开始编纂，历时9年成书。整套书收录了从先秦到清朝前期的众多古籍，涵盖了古代中国几乎所有学术领域，以及收入和存目了西洋传教士参与撰述的著作。…
雕龙古籍数据库-永乐大典	《永乐大典》是中国古代编纂的一部大型类书，全书二万二千八百七十七卷，目录六十卷，共一万一千零九十五册，书中保存了中国上自先秦，下迄明初的各种典籍资料达八千余种，堪称中国古代最大的百科全书。有非常大的学术价值。永乐元年（…
雕龙古籍数据库-正统道藏	《正统道藏》为道教经典的总集。明版《正统道藏》是现存的唯一官修道藏。民初采用北京白云观《正统道藏》底本，由上海涵芬楼影印，作为「涵芬楼本」此为道教公开于世之始。《正统道藏》分为三洞、四辅、十二类。按宋代道学家《云笈七签》…
雕龙古籍数据库-中国民间文学	中国民间文学是指中国民间口头创作、口头流传，并不断地集体修改、加工的文学。包括散文的神话、民间传说、民间故事，韵文的歌谣、长篇叙事诗以及小说、说唱文学、谚语、谜语等体裁的民间作品。民间文学是社会长期生活的产物。…
DigiZeitschriften（DZ）德语过刊数据库	DigiZeitschriften为德国一个非营利组织，由德国图书商公会，德国著名保护组织赞助，主要将各图书馆旧有纸本期刊电子化并进行线上保存，资料年份为1824-2005年，目前收录德国国家及地方共400多种期刊。…
《敦煌数字图书馆》数据库	敦煌文献，又称敦煌遗书、敦煌文书、敦煌写本等，是对1900年发现于敦煌莫高窟第17号洞窟中的一批书籍的总称，总数约5万卷，其中佛经约占90%，最早的纪年约是计算元年（359年），最晚为南宋庆元二年（1196年）。…
Elsevier ScienceDirect电子图书	内容概览 ScienceDirect电子图书共计有39000+种图书，其中，专著有32000+种、丛书6000+种、百科全书200+种，以及教材257种；学科广泛，涵盖理、工、农、生物、医、经管、人文、社科等24个学科领域的内容。…
Gale Scholar Lab（数字学术实验室）	Gale数字学术实验室是一个基于云的文本挖掘平台，由Gale与数字人文领域的资深学者密切合作而开发，让研究者能够在一个研究平台下对我校已购的Gale原始档案库（Gale Primary Sources）的海量原始文本数据，运用系统内置。…
GSP 期刊数据库	全球科学出版社（GSP）是一家快速发展的香港出版公司，旨在发布最先进的研究成果，为研究人员提供专业的平台，促进他们的最新发现，并将未来世界自世界各地数学、物理、…
谷臻文本分析系统	谷臻文本分析系统是基于数字人文的理念，利用AI技术开发的大数据文本分析系统。包含"知识树"和谷臻小简"两个文本分析处理软件工具，旨在从源头解决文科院系研究性阅读、研究的质量与效率问题，…
籍合网 中华书法数据库	《中华法书数据库》作品上起商周，下连明清，囊括隋唐、碑刻、法书、法帖等历代名家真迹和书法精品图片，涵盖草行之、金文、篆书、隶书、楷书、草书、行书等多种书法体式。收藏作品全、规模大、考证详实、体例周密，堪称我国书法艺术发展的大百科全书。
	John Benjamins出版社是一家独立的学术出版商，总部位于荷兰阿姆斯特丹市，并在美国费城设有分支机…

图 12-8　北京高校图书馆数据库导航目录

170

参考文献

[1] 张敷欣．图书采购资金测算[J]．江苏图书馆学报,2001 年增刊.

[2] 米切尔·拉伯夫．世界上最伟大的管理原则[M]．北京:科学技术文献出版社,1989.

[3] 张敷欣．用决策树法改进高校图书馆布局[C]．江苏省图书馆读者工作研讨会,2006 年 11 月.

[4] 张敷欣．图书馆人力资源管理的现状与改革之我见[J]．中国科学教育,2007 年第 9 期.

[5] 张典焕.创造发明学[M].上海:立信会计出版社,2002.

[6] 卿毅,曹深艳．优势专业背景下的学科服务研究[M]．杭州:浙江工商大学出版社,2018.

[7] 许凌云,江翠平．网上售书的物流分析[J]．图书情报知识,2002 年第 2 期.

[8] 杨小岩．试论知识经济条件下编辑人员文化素质的培养与提高[J]．图书情报杂志,2002 年第 1 期.

[9] 张敷欣．高校图书馆服务于竞争情报[J]．科技创新导报,2013 年第 30 期.

[10] 张敷欣．高校图书馆开展竞争情报业务工作探讨[J]．江苏科技信息,2004 年第 2 期.

[11] 张敷欣．在高校图书馆中决策树法的应用[C]∥中国当代思想宝库.北京:中国文联出版社,2006 年.

[12] 孟连生．关于发展我国数字图书馆事业的几点思考[J]．图书情报知识,2002 年第 1 期.

[13] 吴志荣．试论数字图书馆时代的新理念和新方法[J]．图书情报知识,2002 年第 1 期.

[14] 张敷欣．数字仓库技术及其在高校图书馆中的应用研究[J]．电子商务,2018 年第 4 期.

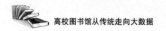

[15] 吴国英. 高校图书馆微营销研究[M]. 北京:中国社会科学出版社,2018.

[16] 阮丽萍,朱春艳等. 阅读推广理论与实践[M]. 武汉:武汉大学出版社,2018.

[17] 张青. 全民阅读推广与图书馆事业研究[M]. 成都:四川大学出版社,2018.

[18] 司新丽. 全民阅读推广路径研究[M]. 北京:首都经济贸易大学出版社,2018.

[19] 张敷欣. 互联网+时代高职院校图书馆阅读推广的思考[J]. 电子商务,2018 年第 3 期.

[20] 刘玲等. 互联网+时代图书馆跨界融合研究[M]. 北京:经济日报出版社,2018.

[21] 曾建勋. 开创用户需求的信息组织[J]. 数字图书馆论坛,2019 年第 7 期.

[22] 张敷欣. 基于参考咨询个性化的图书馆服务研究[J]. 镇江高专学报,2013 年第 2 期.

[23] 熊武金. 试论教育创新活动中的信息支持[J]. 图书情报知识,2002 年第 4 期.

[24] 张敷欣. 试论教育创新与电子信息的互动作用[J]. 中国科教创新导刊,2009 年第 8 期.

[25] 方卿. 网络载体的发展对科学信息交流的影响[J]. 图书情报知识,2002 第 1 期.

[26] 张敷欣,信息经济学对图书馆学研究的影响[J]. 镇江高专学报,2014 年第 1 期.

[27] 王捷. 基于现代信息技术的图书馆全空间信息服务系统研究[J]. 图书馆工作与研究,2018 年第 5 期.

[28] 庞军. 电子出版物管理之我见[J]. 图书情报知识,2002 年第 2 期.

[29] 尹婷婷,曾宪玉. 基于区块链技术的数字教育资源共享建模及分析[J]. 数字图书馆论坛,2019 年第 7 期.

[30] 刘慧云,彭健铿. 国外智库研究的脉络、流派与趋势[C]//中国社会科学情报学会 2016 年学术年会暨成立三十周年大会论文集. 北京:中国书籍出版社,2017.

[31] 李善峰. 地方社科院智库建设的积极探索[C]//中国社会科学情报

学会 2016 年学术年会暨成立三十周年大会论文集. 北京：中国书籍出版社,2017.

[32] 吴爱芝. 大数据时代高校图书馆智慧化学科服务研究[M]. 北京：海洋出版社,2018.

[33] 张典焕. 经济统计学[M]. 上海：立信会计出版社,2007.